W0229595

Ilona Gröning

Experimente für den Sachunterricht

Einfach – originell – wirkungsvoll

Persen

Persen Verlag

Ilona Gröning

ist Diplom-Chemieingenieurin und unterrichtet an Volkshochschulen und einer Grundschule in Jüchen.

Gedruckt auf umweltbewusst gefertigtem,
chlorfrei gebleichtem und alterungsbeständigem
Papier.
Nach den seit 2006 amtlich gültigen Regelungen der
Rechtschreibung.

3. Auflage 2011
© Persen Verlag
AAP Lehrerfachverlage GmbH

Das Werk als Ganzes sowie in seinen Teilen unterliegt dem
deutschen Urheberrecht. Der Erwerber des Werkes ist berechtigt,
das Werk als Ganzes oder in seinen Teilen für den eigenen
Gebrauch und den Einsatz im eigenen Unterricht zu nutzen.
Downloads und Kopien dieser Seiten sind nur für den genannten
Zweck gestattet, nicht jedoch für einen weiteren kommerziellen
Gebrauch, für die Weiterleitung an Dritte oder für die
Veröffentlichung im Internet oder in Intranets. Die Vervielfältigung,
Bearbeitung, Verbreitung und jede Art der Verwertung außerhalb
der Grenzen des Urheberrechtes bedürfen der vorherigen
schriftlichen Zustimmung des Verlages.

Illustrationen: Julia Flasche
Satz: Satzpunkt Ursula Ewert GmbH, Bayreuth

ISBN 978-3-8344-**3749**-5
www.persen.de

Inhaltsverzeichnis

Kapitel 6 – „Wasser/Oberflächenspannung (Adhäsion)"

Die Experimente zeigen, dass Wassermoleküle aneinander haften.

Kapitel 7 – „Wasser/Stoffumwandlung"

Die Experimente zeigen, dass Wasser in der Lage ist Salze aufzulösen und wie diese Salze wieder zurückgewonnen werden.

Kapitel 8 – „Farben"

Die Experimente zeigen, dass Naturwissenschaft oder Beeinflussung auch in alltäglichen Dingen entdeckt werden kann.

Kapitel 9 – „Pflanzenwachstum"

Die Experimente zeigen, wie sich unterschiedliche Einflüsse auf das Wachstum von Pflanzen auswirken und welche Kräfte Pflanzen entwickeln können.

Ilona Gröning: Experimente für den Sachunterricht
© Persen Verlag

Warum Experimente im Sachunterricht?

Die Einbeziehung von praktischen Experimenten in den Unterrichtsablauf ist eine Ergänzung zu den Aufgabenschwerpunkten des Sachunterrichts. Sie entspricht nicht nur den aktuellen Grundschulrichtlinien, sondern auch den Bedürfnissen der Schüler[1] nach Aktivität, Erkunden, Ausprobieren und Entdecken. Dabei erfahrene Motivation und Freude führt zu guten Lernerfolgen, denn die Schüler machen eigene Erfahrungen, werden in ihrer Selbstständigkeit gefördert und erhalten Erfolgserlebnisse. Naturwissenschaftliche Experimente fördern zudem das Interesse an den behandelten Themen. Zusätzlich erlernen die Schüler Arbeitsmethoden, die nur im Zusammenhang mit eigenständig durchgeführtem Arbeiten möglich sind. Hierzu gehören sowohl praktische als auch feinmotorische Fähigkeiten wie der Umgang mit Herd und Waage oder das Abmessen von Flüssigkeiten.

Die Auswahl der Experimente

Thematisch sind die Inhalte im Rahmen der Lehrpläne breit gefächert ausgewählt und übergreifend für die Jahrgangsstufen verwendbar. Eine Differenzierung ist in Bezug auf die motorischen Fähigkeiten oder den Umgang der Schüler im Zahlenraum bis 1000 dennoch erforderlich. Besonderer Wert wurde auf die einfache Durchführbarkeit der Experimente gelegt, bei denen das Ergründen und Verstehen von Alltagsphänomenen im Vordergrund steht. Die benötigten Materialien sind so gewählt, dass überwiegend Gegenstände des alltäglichen Gebrauches Verwendung finden.

Die Einteilung der Kapitel

Jedes Experiment behandelt ein in sich abgeschlossenes Thema und kann für sich alleine ausgewählt und durchgeführt werden. Um den zeitlichen Rahmen einfach ablesen zu können, sind im Inhaltsverzeichnis folgende Piktogramme eingeführt:

---

[1] Aus Gründen der besseren Lesbarkeit beschränken wir uns im Text auf die männliche Form. Selbstverständlich sind alle Schülerinnen und Lehrerinnen immer mit eingeschlossen.

🕙 Das Experiment ist in einer Unterrichtsstunde abgeschlossen;

☐ Das Experiment wird über mehrere Tage beobachtet.

Die Experimente der Kapitel 3 bis 6 gehören thematisch jeweils zu einem Themenkomplex, wobei die Übergänge zwischen den Kapiteln durchaus fließend sind. Eine gute Einsatzmöglichkeit besteht darin, die drei Experimente eines Kapitels parallel als Stationen aufzubauen. Dies erspart auch die Organisation der Materialien im Klassensatz. Gleichzeitig vermittelt die Summe der Erkenntnisse aus den einzelnen Experimenten besonders anschaulich das jeweilige Thema.

Weshalb gerade dieses Buch?

Der Ansatz, die Unterrichtsgestaltung um praktische Experimente zu erweitern, ist nicht neu. Die Besonderheit in diesem Buch besteht in den zu den Experimenten passenden Arbeitsblättern und in den zu den einzelnen Experimenten zugehörigen Lehrerseiten.

Hier erhalten Sie unter dem Stichwort *Durchführung* detaillierte Hinweise, worauf für eine gelungene Durchführung der einzelnen Experimente im Besonderen zu achten ist und worin die häufigsten Fehlerursachen liegen.

Unter dem Punkt Hintergrundwissen erhalten Sie einen kurzen Einstieg und vertiefende Informationen zu den naturwissenschaftlichen Experimenten. Dieser Abschnitt erhebt natürlich keinen Anspruch auf Vollständigkeit, wohl aber auf wissenschaftliche Richtigkeit der Aussagen, und soll Ihnen die Beantwortung von aufkommenden Fragen ohne zusätzlichen Zeitaufwand vereinfachen.

Unter ⓘ Erklärung enthält jedes Experiment eine didaktisch verkürzte und versinnbildlichte Erklärung für die Schüler. Auf diese Weise soll die Verständlichkeit von komplexen Themen erleichtert und das Interesse an naturwissenschaftlichen Themen oder weiterem Forschen und Entdecken geweckt werden.

Eine Reflektion des wesentlichen Lerninhalts erfolgt jeweils über ein zu den einzelnen Experimenten gehörendes Arbeitsblatt.

Sicherheit

Alle Experimente wurden so ausgewählt, dass sie für Schüler der Klassen 2 bis 4 zur eigenständigen Durchführung geeignet und ungefährlich sind. Dennoch ist eine Unterweisung in den grundlegenden Sicherheitsregeln unverzichtbar. Verwenden Sie hierzu das Arbeitsblatt aus Kapitel 1. Die Sicherheitsregeln sollten vorab erarbeitet und besprochen werden.

Soweit erforderlich, enthalten einige Experimente noch spezielle Sicherheitshinweise.

Wahl der Sozialform

Eingeteilt in Partner- oder Gruppenarbeit sind die Experimente von allen Schülern eigenständig oder aber als Demonstrationsexperimente durchführbar.

Mehrere Experimente eines Kapitels können parallel als Stationenarbeit aufgebaut werden. Aufgrund des überschaubaren Materialaufwandes eignen sich viele der Experimente auch zur Durchführung im Klassenverband.

Umgang mit den Kopiervorlagen

In Kapitel 1 befinden sich die Kopiervorlagen für ein universell gültiges Auswerteblatt und die allgemeinen Sicherheitsregeln.

Die folgenden Kapitel sind einheitlich aufgebaut und wie folgt gegliedert:

Zuerst erhalten Sie als Kopiervorlage ein Blatt mit der Anleitung für das jeweilige Experiment. Diese Anleitung und das Auswerteblatt werden den Schülern mit den zur Durchführung des Experimentes benötigten Materialien ausgehändigt.

Auf der zugehörigen Lehrerseite befinden sich die ⓘ Erklärung für die Schüler und eine Wörterliste als Hilfestellung beim Ausfüllen des Auswerteblattes. Letztere kann während des Experiments an die Tafel geschrieben werden. Im Anschluss ist zu jedem Experiment (Ausnahme Kapitel 2) noch ein Arbeitsblatt als Kopiervorlage vorgesehen, welches von den Schülern abschließend bearbeitet wird.

Die Lösungen und Lösungshinweise zu den jeweiligen Arbeitsblättern befinden sich ebenso auf den Lehrerseiten.

Zu jedem Experiment befinden sich die Hinweise für Lehrer mit detaillierten Zusatzinformationen zur *Durchführung* und das übergreifende Hintergrundwissen am Ende des entsprechenden Kapitels.

Eine Ausnahme bilden die Kapitel 2 „Einsteiger" und 9 „Pflanzenwachstum". Hier sind die Hinweise für Lehrer zur *Durchführung* und das Hintergrundwissen direkt den einzelnen Experimenten zugeordnet.

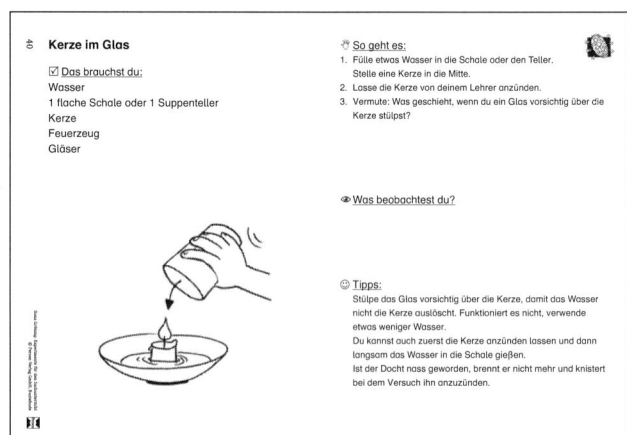

Bedeutungen der Piktogramme

☑ **Das brauchst du:**

Hier erfolgt eine detaillierte Auflistung aller benötigten Materialien.

Soweit das Arbeitsblatt bei der Durchführung erforderlich ist, ist dies hier aufgeführt.

Die nachfolgende grafische Darstellung dient als Hilfestellung zur Durchführung.

✋ **So geht es:**

Für die Schüler folgt eine ausführliche und schrittweise Anleitung zur Durchführung des Experimentes.

👁 **Was beobachtest du?**

Die Schüler können bereits im Vorfeld ihre Vermutungen über den Versuchsverlauf und ihre Beobachtungen während des Verlaufes auf dem Auswerteblatt notieren.

☺ **Tipps:**

An dieser Stelle erhalten die Schüler praktische Tipps zur Optimierung des Experimentes und den Hinweis auf mögliche Fehlerquellen.

Ilona Gröning: Experimente für den Sachunterricht
© Persen Verlag

Experiment:

❓ Das könnte passieren:

☑ Versuchsaufbau und Material (Zeichnung):

👁 Was beobachtest du?

ⓘ Stimmte deine Vermutung, was passieren könnte? Erkläre:

Sicherheitsregeln für Experimente!

Experimente mit Feuer nur mit Erlaubnis und in Anwesenheit von Erwachsenen!

Haare zusammenbinden!

Nichts in die Gesichter der Anderen spritzen!

Keine Kleidung mit weiten Ärmeln tragen!

Nichts trinken und essen während der Experimente!

Ilona Gröning: Experimente für den Sachunterricht
© Persen Verlag

Loch in der Hand

☑ Das brauchst du:

Ein Blatt Papier DIN A4

Deine Hände

 **So geht es:**

1. Rolle ein Blatt Papier der Länge nach zu einer Röhre zusammen.

2. Halte die Papierrolle wie ein Fernrohr vor ein Auge. Schließe das andere Auge.

3. Suche dir eine Stelle im Raum aus und schaue konzentriert durch die Röhre auf diesen Punkt.

4. Halte eine Hand vor dein geschlossenes Auge. Die Handkante sollte die Papierröhre ungefähr in der Mitte berühren.

5. Vermute: Was passiert, wenn du dein zweites Auge nun öffnest?

⚡ *Achte darauf, mit einem Auge nur durch die Röhre und mit dem anderen Auge nur auf deine Hand zu sehen!*

◉ **Was beobachtest du?**

☺ **Tipps:**

Wenn du das zweite Auge geöffnet hast, warte einige Sekunden ab.

Bewege deine Hand langsam die Papierröhre entlang, von deinem Auge weg und wieder zurück.

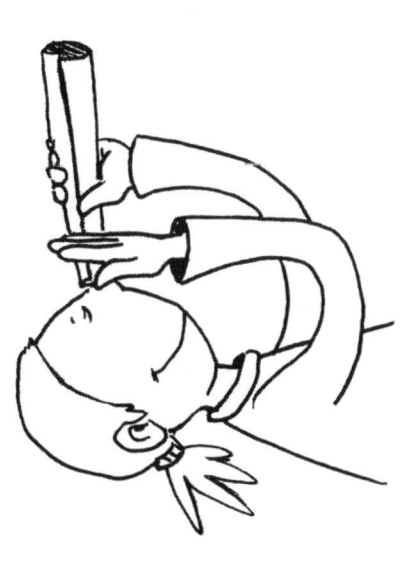

Ilona Gröning: Experimente für den Sachunterricht
© Persen Verlag

Lehrerseite „Loch in der Hand"

Folgende Wörterliste hilft dir beim Ausfüllen des Auswerteblattes:

Hand, Loch, Auge, Papier, Röhre

Hinweise für Lehrer:

Durchführung:

Achten Sie darauf, dass der Durchmesser der Papierrolle nicht zu groß ist. Die Schüler müssen einen Punkt im Raum oder ein Objekt fixieren und einen Moment abwarten, bis sich der Effekt einstellt.

(i) Erklärung:

Um sehen zu können, brauchen wir nicht nur unsere Augen, sondern auch das Gehirn. Die Augen liefern die Informationen und das Gehirn berechnet daraus, was wir sehen.

Beide Augen sehen das gleiche Bild nur mit einem kleinen Unterschied. Das kannst du überprüfen, indem du einen Stift nah vor dein Gesicht hältst und abwechselnd immer ein Auge nach dem anderen öffnest und schließt. Du wirst sehen, der Stift scheint immer einige Zentimeter hin- und herzuspringen.

Aus diesen beiden Bildern setzt unser Gehirn ein räumliches Bild zusammen. Mit nur einem Auge können wir deshalb auch keine Entfernungen sehen.

Manchmal können wir unser Gehirn austricksen.

Das eine **Auge** sieht die Umgebung mit der Hand davor. Das andere Auge sieht durch die **Röhre** aus **Papier**. Um aus diesen unterschiedlichen Informationen ein Gesamtbild zu machen, erzeugt dein Gehirn ein **Loch** in der **Hand**.

Ilona Gröning: Experimente für den Sachunterricht
© Persen Verlag

ⓘ **Erklärung:**

Deine **Augen** sehen jedes für sich ein eigenes Bild. Aus diesen beiden Einzelbildern entsteht im Gehirn ein Gesamtbild. Du hast bei diesem Experiment deine Augen auf das Sehen des Hintergrundes „scharfgestellt". Hältst du nun deine beiden Zeigefinger zusätzlich vor deine Augen, bleiben sie unscharf. Sie sind viel zu nah und du beginnst leicht zu schielen, das heißt **doppelt** sehen. Zwischen den Fingern erscheint noch ein frei schwebendes drittes Stück Finger. Dies sind nur deine beiden **Fingerspitzen** doppelt gesehen. Die Farbe und Form erinnert an ein „Wiener Würstchen".

Folgende Wörterliste hilft dir beim Ausfüllen des Auswerteblattes:

Fingerspitzen, Augen, doppelt

Hinweise für Lehrer:

Durchführung:

Achten Sie darauf, dass die Finger nicht zu dicht vor die Augen gehalten werden. Die Entfernung kann variiert werden, bis die optimale Stelle gefunden ist.

Nachdem die Schüler einen Punkt im Raum fixiert haben, dauert es eine Weile, bis sich der Effekt einstellt.

Wiener Würstchen

☑ **Das brauchst du:**

Deine beiden Zeigefinger

👋 **So geht es:**

1. Suche dir eine Stelle im Raum aus und schaue zehn Sekunden konzentriert dorthin.

2. Halte beide Zeigefinger vor deine Augen. Die Fingerspitzen sollten sich berühren.

3. Bewege die Fingerspitzen langsam etwas auseinander und wieder zusammen.

👁 **Was beobachtest du?**

☺ **Tipp:**

Konzentriere dich nicht auf deine Finger, sondern betrachte eine entfernte Stelle im Raum.

Möbiusband

☑ **Das brauchst du:**

Einige lange Streifen Papier

Stifte

Klebeband

Schere

👋 So geht es:

1. Lege einen Papierstreifen auf den Tisch.

2. Zeichne ungefähr in der Mitte des Streifens den ganzen Papierstreifen entlang einen langen Strich.

3. Nimm die beiden Enden des Papierstreifens in die Hände. Drehe ein Ende einmal um und klebe dann die beiden Enden zusammen.

   Es entsteht ein großer Papierring mit einer Drehung.

4. Vermute: Was passiert, wenn du den Papierring in zwei Teile schneidest?

5. Schneide den Ring der eingezeichneten Linie entlang auseinander.

⚡ *Wichtig: Dazu musst du an einer Stelle den Ring einmal quer knicken. Mache an der Knickstelle der gezeichneten Linie entlang einen kleinen Schnitt!*

👁 Was beobachtest du?

😊 Tipps:

Achte darauf, immer der eingezeichneten Linie entlangzuschneiden. Endet die Linie an der Klebestelle, musst du den Ring nur umdrehen.

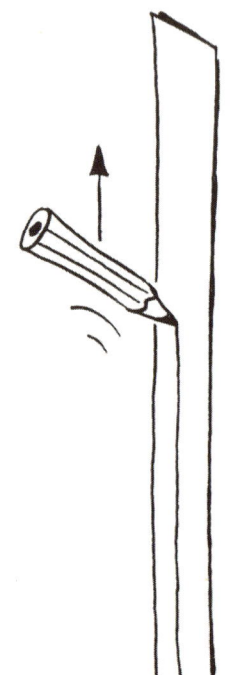

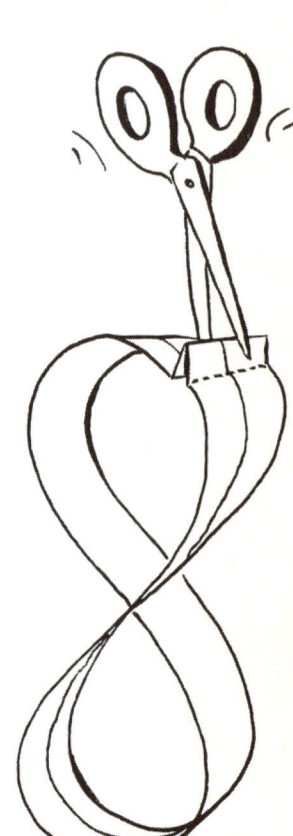

Ilona Gröning: Experimente für den Sachunterricht
© Persen Verlag

Erklärung:

Der wundersame **Papierring,** den du gebastelt hast, hat einen Namen.

Er heißt Möbiusband nach dem Mathematiker August Ferdinand Möbius. Das Besondere an diesem Band ist, dass es nur eine Seite hat. Es gibt kein Oben und Unten.

Schneidest du deinen Ring längs der **Linie** in der Mitte auseinander, zerfällt er nicht in zwei gleiche Ringe, sondern es entsteht ein neuer **großer Ring** doppelt so lang wie vor dem Zerschneiden.

Diese verblüffende Eigenschaft ist nicht nur ein Kinderspiel, sondern beschäftigt seit vielen Jahren auch Künstler und Mathematiker.

Du kannst überprüfen, ob dein Möbiusband wirklich nur eine Seite hat. Lege es auf eine Malunterlage und fange an einer beliebigen Stelle an das Band anzumalen. Male immer weiter, ohne es hochzuheben oder umzudrehen. Nach einer Weile bist du wieder am Anfang. Du wirst sehen, dass das gesamte Möbiusband angemalt ist, obwohl du es nicht umgedreht hast.

Hinweise für Lehrer:

Durchführung:

Verwenden Sie mindestens DIN A3 Papier und schneiden Sie es in Streifen mit einer Breite von 5 bis 6 cm.

Wird der fertige Ring einmal geknickt, kann an dieser Stelle der Schere durch einen kleinen Einschnitt besser an der eingezeichneten Linie angesetzt werden.

Zum Weiterexperimentieren:

Lassen Sie die Schüler zwei parallele Linien auf den Papierstreifen einzeichnen und entlang der beiden Linien den Streifen zerschneiden.

Es entstehen zwei ineinander verschlungene Ringe: ein langer, doppelt gedrehter Ring und ein einfach gedrehter Ring. Sehr gut lässt sich dies zeigen, wenn die einzelnen Streifen vor dem Ausschneiden angemalt werden. Der Streifen in der Mitte der eingezeichneten Linien wird zum kurzen Ring und die beiden Streifen an den Außenseiten werden zum langen Ring. Der kurze Ring ist wieder ein Möbiusband.

Hintergrundwissen:

Die wundersame Schleife mit den Namen Möbiusband wurde bereits 1858 unabhängig voneinander von zwei deutschen Mathematikern (Möbius und Listing) entdeckt. Die verblüffenden Eigenschaften dieser Endlosschleife haben nicht nur Künstler wie Escher inspiriert. Ingenieure montieren Förderbänder und Antriebsriemen als Möbiusband, damit sich beide Seiten des Bandes gleichmäßig abnutzen. Sie nutzen die Tatsache, dass es bei der Schleife weder oben und unten, noch innen und außen gibt.

Folgende Wörterliste hilft dir beim Ausfüllen des Auswerteblattes.

Papierring, schneiden, großer Ring, Linie

Kaltes Leuchten

☑ Das brauchst du:

Selbstklebende Briefumschläge

Zimmer (gut abdunkelbar) oder
eine blickdichte Decke

Tisch und Stuhl

So geht es:

1. Lege den Briefumschlag auf einen Tisch und drücke die
   Klebestelle noch einmal fest an.

2. Lasse den Raum abdunkeln oder ziehe die Decke über dich.

   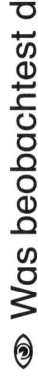 *Wichtig: Es muss ganz dunkel sein!*

3. Halte den Briefumschlag mit beiden Händen auf Augenhöhe.

4. Ziehe die Klebestelle in 2 bis 3 Zügen auseinander.

Was beobachtest du?

Tipps:

Funktioniert das Experiment nicht sofort, kannst du die
Klebestelle im Hellen wieder zusammendrücken und es
noch einmal probieren.

Du solltest die Klebestelle zügig, aber nicht zu schnell,
auseinanderziehen.

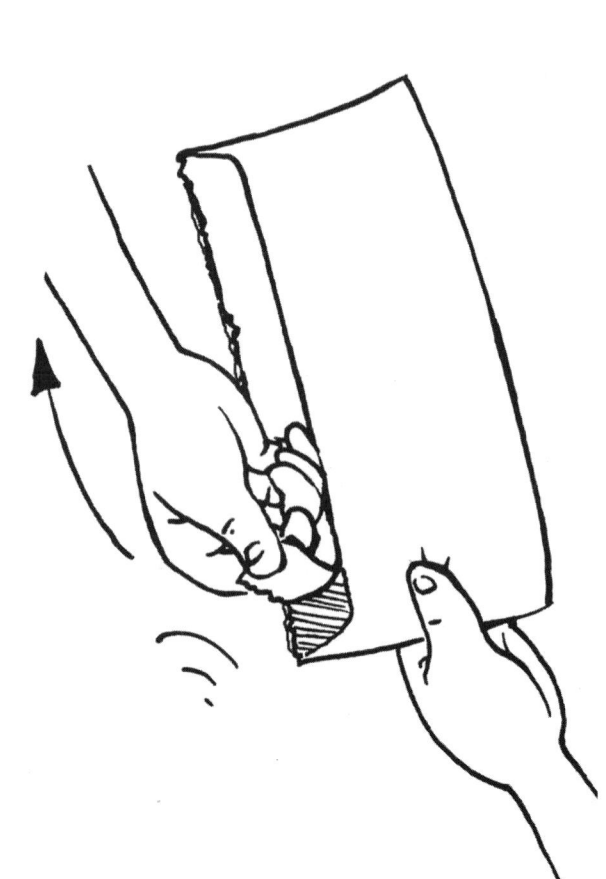

14

Lehrerseite „Kaltes Leuchten"

ⓘ Erklärung:

Die verwendeten Briefumschläge werden mit einem besonderen Haftkleber verschlossen. Dieser Haftkleber unterscheidet sich von den üblichen Klebstoffen, welche du vom Basteln kennst. Er soll nicht fest verkleben, sondern wieder aufgehen, ohne dass das Papier reißt.

Die **Klebestreifen** bestehen aus einem besonderen Kunststoff. Drückt man sie fest zusammen, haften sie aneinander. Das ist wie bei Frischhaltefolie, die an glatten Oberflächen haftet.

Durch das Zusammendrücken entsteht in den Haftklebeschichten eine elektrische Aufladung.

Ziehst du die Haftklebeschichten **auseinander,** findet schlagartig eine Entladung statt. Dabei werden bestimmte Teile in der Luft (sogenannte Moleküle) zum **Leuchten** gebracht.

Eine andere Art der elektrischen Aufladung kennst du bestimmt. Wenn du mit den Schuhen über den Boden schleifst, wirst du selbst geladen. Berührst du dann einen Türgriff, findet die Entladung statt. Manchmal kannst du dabei sogar ein kleines Aufblitzen sehen.

Der Vergleich mit statischer Elektrizität (Aufladung) dient nur der besseren plastischen Darstellung zur Entstehung von Ladungsungleichgewichten. Hierzu kann auch ein am Pullover geriebener Luftballon an die Wand „geklebt" werden.

Folgende Wörterliste hilft dir beim Ausfüllen des Auswerteblattes:

auseinanderziehen, Klebestreifen, leuchten

Hinweise für Lehrer:

Durchführung:

Sammeln Sie und Ihre Schüler selbstklebende Briefumschläge, Haftnotiz-Zettel funktionieren nicht. Die Umschläge sollten nicht zu alt sein.

Wichtig ist, dass die Briefe mit einer Schere oder Brieföffner an der oberen Seite aufgeschnitten wurden, damit die Klebestelle nicht geöffnet wird. Knicken Sie auf einer Seite den äußeren Rand der Verschlusslasche zum besseren Anfassen nach oben. Es muss in 2 bis 3 Etappen zügig, aber nicht zu schnell gezogen werden.

Das Auseinanderziehen wird nicht immer auf Anhieb funktionieren. Planen Sie mehrere Umschläge pro Gruppe ein. Die Schüler können in Gruppen von 3 bis 5 eingeteilt werden.

Hintergrundwissen:

Die Entstehung der unterschiedlichen elektrischen Ladungsverteilung (Anzahl der Elektronen) in den beiden Klebeflächen beruht auf „Van der Waals"-Kräften. Diese Kräfte sind auch Teil der Klebe- bzw. Haftwirkung. Beim Ausgleichen der Ladungsteilchen stoßen diese beim Übergang zwischen den Klebeflächen mit Stickstoffmolekülen der Luft zusammen. Dabei werden die Stickstoffmoleküle energetisch angeregt, sie nehmen Energie auf. Fallen diese auf das ursprüngliche Energieniveau zurück, wird die Energie wieder als das „kalte Leuchten" frei. Nordlichter entstehen nach dem gleichen physikalischen Prinzip.

Teebeutel anzünden

☑ **Das brauchst du:**

Teebeutel

Schere

Feuerzeug

Backblech

Schälchen

🖐 **So geht es:**

1. Schneide das obere Ende des Teebeutels direkt unter der Klammer ab.

2. Leere den Teebeutel aus. Verwende das Schälchen, um den losen Tee zu sammeln.

3. Falte den leeren Teebeutel vorsichtig auseinander und stelle ihn als Röhre auf das Backblech.

4. Vermute: Was passiert, wenn du den Teebeutel vorsichtig am oberen Ende anzündest?

5. Zünde nun das obere Ende des Teebeutels an.

⚡ *Wichtig: Halte dabei nicht deinen Kopf oder die Finger über die Flamme!*

② **Was beobachtest du?**

☺ **Tipps:**

Achte darauf, dass der Teebeutel als Röhre sicher steht. Er sollte beim Anzünden nicht umkippen. Verbrenne dir nicht die Finger!

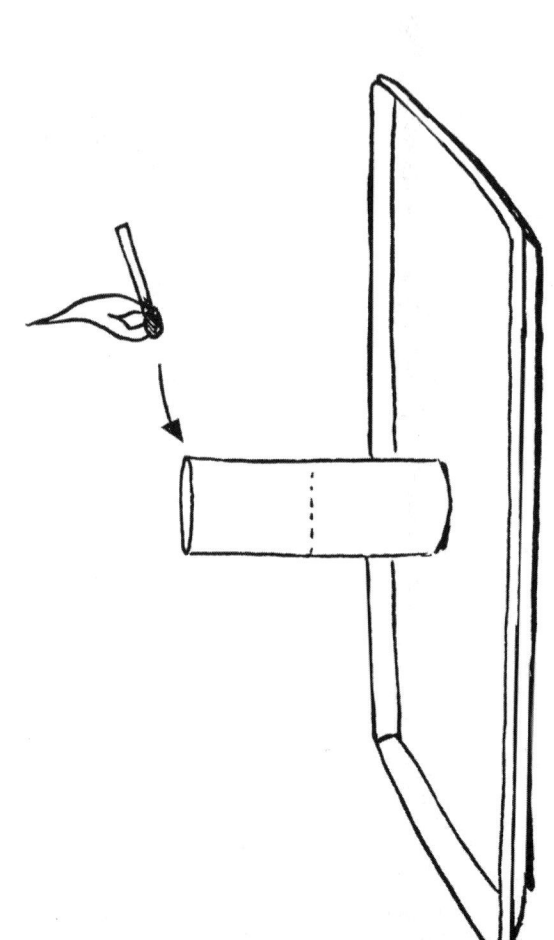

16

Ilona Gröning: Experimente für den Sachunterricht
© Persen Verlag

Lehrerseite „Teebeutel anzünden"

Hinweise für Lehrer:

Durchführung:

Besprechen Sie mit den Schülern die **Gefahren von offenen Flammen.** Und weisen Sie ausdrücklich darauf hin, dass keine Experimente mit Feuer ohne Wissen und Aufsicht der Eltern zu Hause nachgemacht werden dürfen!

Die Teebeutel müssen auf einer feuerfesten Unterlage stehen. Statt der Backbleche können auch einfache Teller verwendet werden.

Offene Haare oder andere brennbare Gegenstände sollten nicht in die Nähe der Flammen kommen und vor allem nicht über die brennenden Teebeutel gehalten werden.

Achten Sie darauf, dass die Schüler nicht zu viel vom oberen Rand der Teebeutel abschneiden.

Der Teebeutel wird noch brennend aufsteigen. Allerdings erst, wenn bis auf 1–2 cm alles abgebrannt ist. Der brennende Rest verlöscht bereits nach sehr geringer Höhe und nur die feine Asche fliegt richtig in die Höhe.

Hintergrundwissen:

Die von unten den brennenden Teebeutel entlangströmende Kaltluft übt über die Reibung eine nach oben gerichtete Kraft auf den Teebeutel aus. Sobald der Teebeutel so weit abgebrannt ist, dass diese Kraft seine Gewichtskraft übersteigt, wird er wie eine Rakete nach oben aufsteigen.

ⓘ Erklärung:

Zündest du den Teebeutel oben **an,** wird die umgebende Luft stark erwärmt. Je wärmer diese Luft wird, umso mehr dehnt sie sich aus. Im gleichen Raum sind nun weniger Luftteilchen vorhanden als vorher. Dadurch ist **warme Luft** leichter als kalte Luft. Die leichtere Luft steigt nach oben. Um den frei werdenden Platz wieder aufzufüllen, strömt von unten kalte Luft nach. Dabei streift sie an der Wand des Teebeutels entlang. Die Luftströmung übt dabei eine Kraft auf den Teebeutel aus. Sobald diese Kraft groß genug ist, um das Gewicht des Teebeutels zu heben, wird dieser mitgerissen und **fliegt.**

Dass warme Luft **aufsteigt,** kannst du fühlen, wenn du deine Hand im Winter über eine eingeschaltete Heizung hältst.

Erwärmt die Sonne die Erde und steigt warme Luft auf, nennt man das „Thermik". Segelflugzeuge und Vögel nutzen diese zum Fliegen. Ein Heißluftballon zum Beispiel kann fliegen, weil die Luft im Ballon leichter ist als die kalte Luft außerhalb.

Folgende Wörterliste hilft dir beim Ausfüllen des Auswerteblattes:

anzünden, warme Luft, fliegen, aufsteigen

Kopfstand

☑ **Das brauchst du:**

1 Flasche mit kleiner Öffnung

Wasser

Große Schüssel

Messbecher

Trichter

Bierdeckel

So geht es:

1. Fülle Wasser in die Flasche. Verwende dazu Trichter und Messbecher. Es ist egal, ob die Flasche halbvoll oder randvoll ist.

2. Verschließe mit deiner Handfläche die Flaschenöffnung. Du kannst den Bierdeckel zur Hilfe nehmen. Damit er abdichtet, musst du ihn etwas anfeuchten.

3. Vermute: Was passiert, wenn du die Flasche mit der Öffnung nach unten in die Schüssel stellst? Lehne dabei die Flasche an den Rand der Schüssel.

⚡ *Achte darauf, dass beim Umdrehen noch nichts ausläuft!*
Erst wenn die Flasche in der Schüssel steht, nimmst du die Hand oder den Bierdeckel von der Öffnung.

◉ Was beobachtest du?

☺ Tipps:

Achte darauf, dass die Flasche in der Schüssel nicht umkippt!
Verschließe die Flasche so lange mit deiner Hand, bis sie sicher am Rand der Schüssel angelehnt ist und auf dem Kopf steht.

Ilona Gröning: Experimente für den Sachunterricht
© Persen Verlag

ⓘ Erklärung:

Warum läuft nur wenig Wasser aus der **Flasche** aus?

Wir sind auf der Erde immer von Luft umgeben. Wie die Fische im Meer leben wir praktisch auf dem Grund eines riesigen „Meeres" aus Luft. Luft ist nicht NICHTS, sondern hat auch ein Gewicht. Das Gewicht der Luft drückt auf das ausgelaufene **Wasser in der Schüssel**. Dieser Druck ist größer als der Druck des restlichen Wassers in der Flasche. Es kann nicht gegen diesen Druck aus der Flasche **ausfließen**.

Sobald das Wasser in der Schüssel hoch genug ist, taucht die ganze Öffnung der Flasche ein. Jetzt wirkt das Wasser wie ein Verschluss für die **Flasche**. Es kann von außen keine Luft mehr in die Flasche hinein. Damit kann auch kein Wasser mehr aus der Flasche heraus. Sonst würde in der Flasche etwas fehlen.

Hinweise für Lehrer:

Durchführung:

Messbecher und Trichter werden zum Einfüllen des Wassers in die Flasche benötigt.

Die größte Schwierigkeit für die Schüler besteht darin, die Flasche umzudrehen und dabei die Öffnung mit der Hand zu verschließen.

Einen Bierdeckel oder ein anderes Stück rauer Pappe als Verschluss zu verwenden ist einfacher. Um richtig abzudichten, muss die Pappe erst kurz unter Wasser gehalten werden. Trocken hat sie keine Dichtwirkung.

Die Schüssel sollte so hoch und schwer sein, dass die Flasche nicht umkippen kann. Nehmen Sie keine zu breite Schüssel, denn sonst läuft die Flasche leer, bevor die gesamte Flaschenöffnung in das Wasser eingetaucht ist.

Verwenden Sie unterschiedlich große Flaschen von 0,5 bis 1,5 Liter, allerdings immer mit kleiner Öffnung.

Hintergrundwissen:

Sobald die Öffnung der Flasche vollständig in das Wasser eintaucht, wirkt das Wasser in der Schüssel als Verschluss für die Flasche. Der Druck der Luft außerhalb der Flasche auf die Wasseroberfläche in der Schüssel ist deutlich größer als der Druck der in der Flasche verbleibenden Wassersäule. Es kann nichts weiter auslaufen.

Folgende Wörterliste hilft dir beim Ausfüllen des Auswerteblattes:

> Flasche, Wasser, Schüssel, ausfließen

Luftballon-Flasche

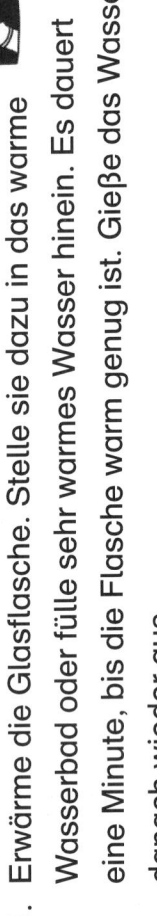

☑ **Das brauchst du:**

1 Glasflasche

(Sehr) warmes Wasser oder Föhn

Luftballon

Schüssel mit kaltem Wasser (Kühlakkus)

Kochtopf und Herd (für ein Wasserbad)

Experimentier-Partner

Trichter

☝ **So geht es:**

1. Erwärme die Glasflasche. Stelle sie dazu in das warme Wasserbad oder fülle sehr warmes Wasser hinein. Es dauert eine Minute, bis die Flasche warm genug ist. Gieße das Wasser danach wieder aus.

   ⚡ *Verbrühe dir nicht die Hände beim Einfüllen des warmen Wassers!*

2. Stülpe danach den Luftballon vorsichtig, aber schnell über die Flaschenöffnung.

   ⚡ *Lasse die Flasche dabei von deinem Partner am unteren Ende festhalten!*

3. Vermute: Was passiert, wenn sich die Flasche nun wieder abkühlt?

   Stelle sie dazu einfach hin und warte oder halte sie in kaltes Wasser. Du kannst die Kühlakkus mit in das Wasser legen, damit es richtig kalt wird.

👂 **Was beobachtest du?**

☺ **Tipps:**

Es passierte gar nichts? Prüfe:

War die ganze Flasche warm?

Hast du den Luftballon zügig über die Flaschenöffnung gestülpt?

Hast du die Flasche richtig abgekühlt und etwas gewartet?

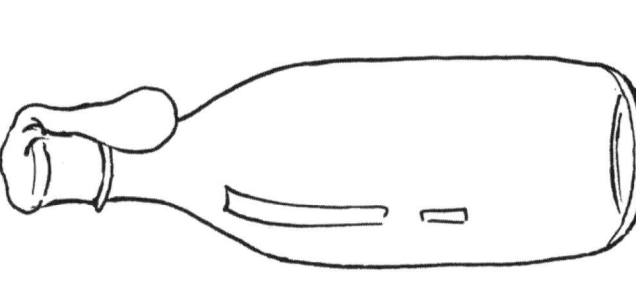

Ilona Gröning: Experimente für den Sachunterricht
© Persen Verlag

Lehrerseite „Luftballon-Flasche"

ⓘ Erklärung:

Durch das **Erwärmen** der Flasche wird auch die Luft darin warm. Diese erwärmte Luft **dehnt** sich **aus**. Das heißt, sie braucht mehr Platz und ein Teil entweicht aus der Flasche. Es passt viel weniger warme als kalte Luft in die Flasche. Der **Luftballon** verschließt die Flaschenöffnung dicht.

Mit dem Abkühlen der **Flasche** wird auch die eingeschlossene Luft wieder **abgekühlt**. Sie „zieht sich zusammen" und braucht daher wieder weniger Platz.

Es entsteht in der Flasche ein Unterdruck. Das heißt, die Luft in der Flasche benötigt nur einen Teil des vorhandenen Platzes.

Zum Ausgleichen des frei gewordenen Raums will die Zimmerluft von außen in die Flasche strömen. Da der Ballon auf der Flaschenöffnung steckt, wird er einfach mit der Zimmerluft in die Flasche **hineingezogen**.

Folgende Wörterliste hilft dir beim Ausfüllen des Auswerteblattes:

☁ Luftballon, ausdehnen, erwärmen, abkühlen, Flasche, hineingezogen

Zum Weiterexperimentieren:

Was passiert, wenn die abgekühlte Flasche mit dem eingesaugten Luftballon wieder erwärmt wird?
Verschließe eine kalte Flasche mit einem Luftballon. Was passiert mit dem Luftballon, wenn sie erwärmt wird?

Hinweise für Lehrer:

Durchführung:

Bitte beachten Sie die Hinweise für Lehrer zum Kapitel „Ausdehnen und Zusammenziehen" auf Seite 29.

Hintergrundwissen:

Siehe Hintergrundwissen des Kapitels „Ausdehnen und Zusammenziehen" auf Seite 29.

Lösung des Arbeitsblattes:

❶

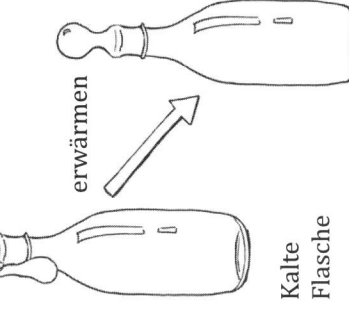

Warme Flasche — abkühlen

Kalte Flasche — erwärmen

❷

Wird Luft **erwärmt**, dehnt sie sich aus. Sie braucht nun **mehr** Platz. Kühlt man die Luft ab, zieht sie sich **zusammen** und braucht nun weniger **Platz**. Bei deinem Experiment verschließt ein **Luftballon** die Öffnung der Flasche. Beim Abkühlen wird der Luftballon mit in die Flasche gezogen.

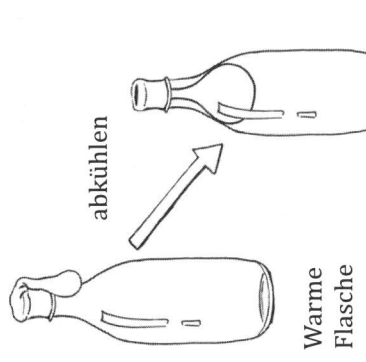

❶ Beschrifte die Pfeile mit den richtigen Wörtern!

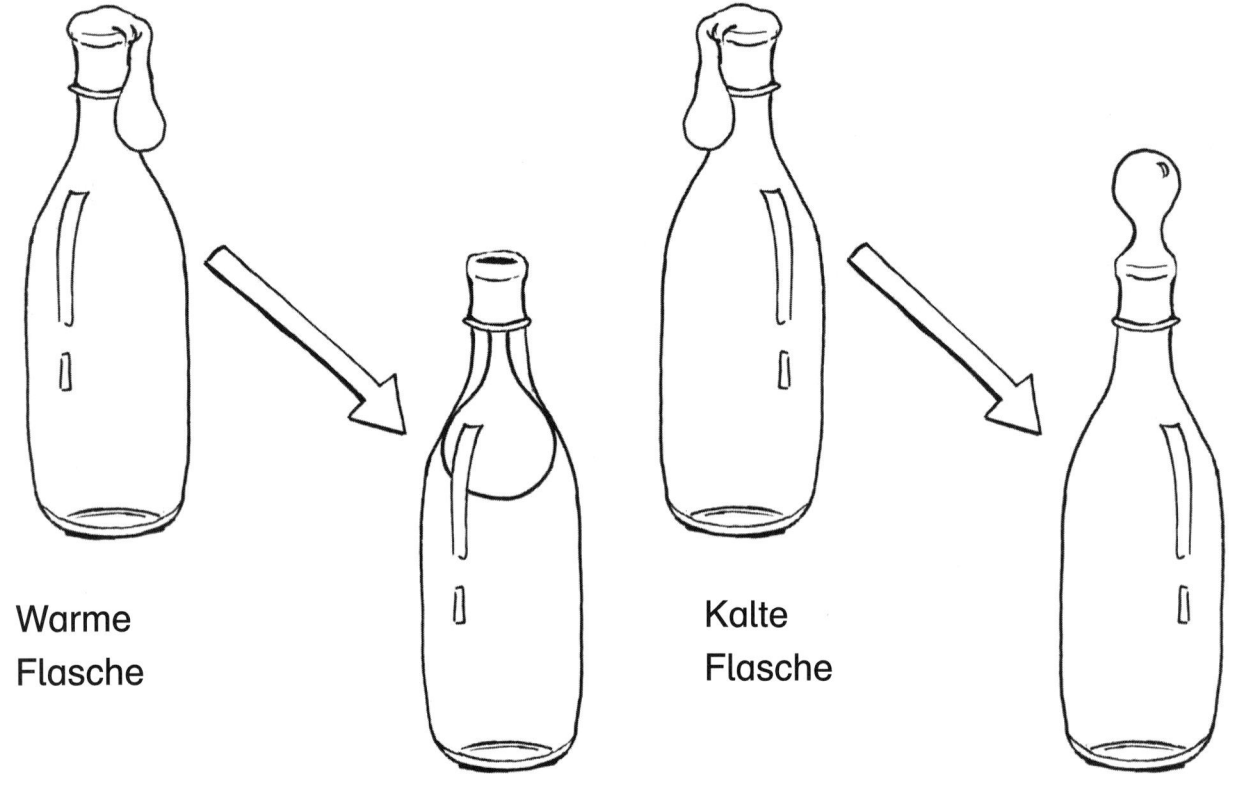

Warme
Flasche

Kalte
Flasche

| erwärmen | abkühlen |

❷ Ergänze den Lückentext mit den unten angegebenen Wörtern.

Wird Luft _____, dehnt sie sich aus. Sie braucht nun _____

Platz.

Kühlt man die Luft ab, zieht sie sich _____ und braucht nun

weniger _____.

Bei deinem Experiment verschließt ein _____ die Öffnung

der Flasche. Beim Abkühlen wird der Luftballon mit in die Flasche gezogen.

| zusammen,   erwärmt,   mehr,   Luftballon,   Platz |

Ilona Gröning: Experimente für den Sachunterricht
© Persen Verlag

Flaschen-Thermometer

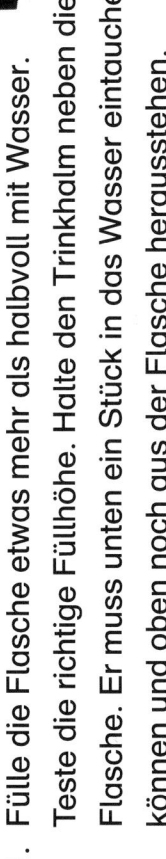

☑ **Das brauchst du:**

1 Glasflasche

Wasser

Lebensmittelfarbe oder Tinte

1 Trinkhalm, durchsichtig

Knete

Kochtopf und Herd (für ein Wasserbad)

Messbecher

Trichter

 **So geht es:**

1. Fülle die Flasche etwas mehr als halbvoll mit Wasser.
   Teste die richtige Füllhöhe. Halte den Trinkhalm neben die
   Flasche. Er muss unten ein Stück in das Wasser eintauchen
   können und oben noch aus der Flasche herausstehen.

2. Färbe das Wasser mit wenigen Tropfen Tinte oder etwas
   Lebensmittelfarbe ein.

3. Halte den Trinkhalm in die Flasche und befestige ihn mit
   der Knete an der Flaschenöffnung. Dabei musst du die
   Flaschenöffnung mit der Knete richtig dicht verschließen.

   ⚡ *Achte darauf, dass der Trinkhalm nicht geknickt wird und auch
   nicht in die Flasche fällt!*

4. Vermute: Was passiert, wenn du die Flasche nun erwärmst?
   Stelle sie einfach auf die Heizung, in die Sonne oder in das
   warme Wasserbad und warte.

👁 **Was beobachtest du?**

☺ **Tipps:**

Es passierte gar nichts?

Achte darauf, dass die Flasche richtig verschlossen ist.

Prüfe: Dichtet die Knete die Flaschenöffnung richtig ab?

Ist die Flasche warm geworden?

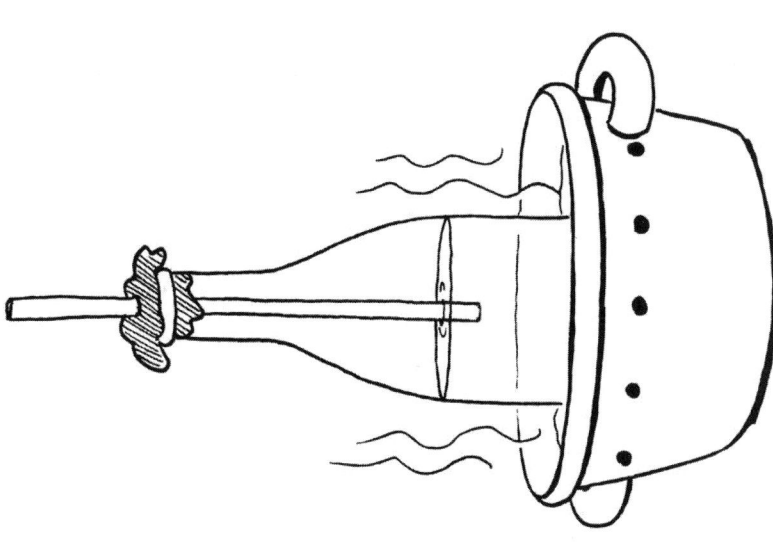

Ilona Gröning: Experimente für den Sachunterricht
© Persen Verlag

Lehrerseite „Flaschen-Thermometer"

ⓘ Erklärung:

Nicht nur die Flasche wird **warm**. Auch das Wasser und die Luft darin werden warm.

Die erwärmte Luft **dehnt** sich stark **aus**. Das heißt, sie braucht sehr viel mehr Platz als vorher. Durch die **Knete** ist die Flaschenöffnung dicht verschlossen und die Luft kann nicht entweichen. Also drückt sie auf die Oberfläche des Wassers.

Auch das Wasser dehnt sich aus und braucht mehr Platz. Die einzige Möglichkeit sich auszudehnen ist durch den **Trinkhalm** nach draußen.

Daher **steigt** das **Wasser** im Trinkhalm auf.

Kühlt man nun die **Flasche** wieder ab, werden auch Wasser und Luft in der Flasche kälter. Sie brauchen nun wieder weniger Platz. Das Wasser sinkt im Trinkhalm zurück nach unten.

Die Flasche mit Trinkhalm funktioniert wie ein Thermometer.

Hinweise für Lehrer:

Durchführung:

Funktioniert das Flaschen-Thermometer nicht sofort, verschließt meist die Knetmasse die Flaschenöffnung nicht dicht.

Achtung, das Wasser kann bei hoher Temperaturdifferenz 20 bis 30 cm hoch aus dem Trinkhalm spritzen.

Bitte beachten Sie die Hinweise für Lehrer zum Kapitel „Ausdehnen und Zusammenziehen" auf Seite 29.

Hintergrundwissen:

Siehe Hintergrundwissen des Kapitels „Ausdehnen und Zusammenziehen" auf Seite 29.

Lösung des Arbeitsblattes:

❶

Flasche = Vorratsgefäß

Wasser = Flüssigkeit im Thermometer

Trinkhalm = Kapillare

❷

Nicht nur Luft, sondern auch Flüssigkeiten wie Wasser dehnen sich beim Erwärmen aus. Sie benötigen mehr Platz. Diese Eigenschaft nutzt man beim Thermometer. Wie im Trinkhalm in der Flasche steigt die Flüssigkeit im Glasröhrchen des Thermometers. Je wärmer die Flüssigkeit wird, umso weiter steigt sie.

Folgende Wörterliste hilft dir beim Ausfüllen des Auswerteblattes:

Knete, ausdehnen, warm, Trinkhalm, Flasche, Wasser, steigt

❶ Welche Teile der Flasche entsprechen den Teilen eines Thermometers? Verbinde mit Pfeilen.

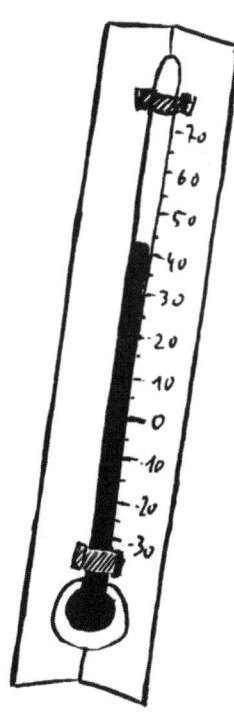

❷ Ergänze den Lückentext mit den unten angegebenen Wörtern.

Nicht nur Luft, sondern auch Flüssigkeiten wie Wasser dehnen sich beim

_____ aus. Sie benötigen mehr _____.

Diese Eigenschaft nutzt man beim _____. Wie im Trinkhalm

in der Flasche steigt die Flüssigkeit im Glasröhrchen des Thermometers. Je

wärmer die _____ wird, umso weiter steigt sie.

Platz, Flüssigkeit, Erwärmen, Thermometer

Schrumpfflasche

☑ **Das brauchst du:**

1 Plastikflasche mit Schraubverschluss

Warmes Wasser

Messbecher

Trichter

Kaltes Wasser

So geht es:

1. Erwärme die Plastikflasche. Fülle sie dazu mit warmem
   Wasser. Es dauert eine Minute, bis die Flasche warm genug ist.

   ⚡ *Verbrühe dir nicht die Hände beim Einfüllen des warmen
   Wassers!*

   Gieße das Wasser danach wieder aus.

2. Verschließe die Flaschenöffnung fest mit dem
   Schraubverschluss.

3. Vermute: Was passiert, wenn du die Flasche nun wieder
   abkühlst?

   Stelle sie dazu einfach hin und warte oder halte sie in kaltes
   Wasser.

◉ Was beobachtest du?

☺ Tipps:

Es passierte gar nichts?

Prüfe:

Achte darauf, dass die Flasche fest verschlossen ist.

Ist die Flasche richtig abgekühlt?

War die ganze Flasche warm?

Damit die ganze Flasche warm wird, kannst du sie mit dem
warmen Wasser darin leicht schütteln. Dann muss sie nicht
randvoll sein.

26

Lehrerseite „Schrumpfflasche"

Folgende Wörterliste hilft dir beim Ausfüllen des Auswerteblattes:

 ausdehnen, erwärmen, zusammenziehen, Flasche, Schraubdeckel, abkühlen

Hinweise für Lehrer:

Durchführung:

Bitte beachten Sie die Hinweise für Lehrer zum Kapitel „Ausdehnen und Zusammenziehen" auf Seite 29.

Hintergrundwissen:

Siehe Hintergrundwissen des Kapitels „Ausdehnen und Zusammenziehen" auf Seite 29.

Lösung des Arbeitsblattes:

Mögliche Lösung:

1. Wasser wird erwärmt und das heiße Wasser wird in die Flasche eingefüllt.

2. Die Flasche wird durch das heiße Wasser erwärmt und das Wasser wird wieder aus der Flasche gegossen.

3. Der Verschluss der Flasche wird zugeschraubt und die Flasche schrumpft zusammen.

ⓘ Erklärung:

Durch das **Erwärmen** der Flasche wird auch die Luft darin warm.

Diese erwärmte Luft **dehnt** sich **aus**. Das heißt, sie braucht mehr Platz und ein Teil entweicht aus der Flasche.

Es passt viel weniger warme als kalte Luft in die Flasche.

Der **Schraubdeckel** verschließt die Flaschenöffnung dicht.

Mit dem Abkühlen der **Flasche** wird auch die eingeschlossene Luft wieder **abgekühlt**. Sie „zieht sich zusammen" und braucht daher wieder weniger Platz.

Es entsteht in der Flasche ein Unterdruck. Das heißt, die Luft in der Flasche benötigt nur einen Teil des vorhandenen Platzes.

Um den frei gewordenen Raum wieder auszugleichen, müsste Zimmerluft von außen in die Flasche strömen. Weil die Flasche verschlossen ist, geht das nicht.

Die Plastikflasche ist aber elastisch und gibt nach. Sie wird **zusammengezogen**.

In der Flasche ist ein Unterdruck entstanden.

Der Druck der Luft außerhalb der Flasche hat sich nicht verändert.

Die Luft drückt mit gleicher Stärke von außen auf die Flasche. Durch den Unterdruck im Innern der Flasche wird weniger von innen als von außen gedrückt. Die elastische Plastikflasche gibt nach.

❶ Beschreibe das Experiment mit eigenen Worten! Die Bilder helfen dir bei der Reihenfolge.

_____

_____

_____

_____

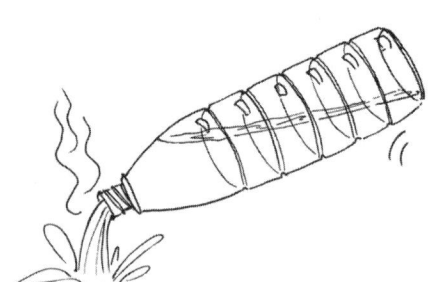

_____

_____

_____

_____

_____

_____

_____

_____

Ilona Gröning: Experimente für den Sachunterricht
© Persen Verlag

Hintergrundwissen:

Ausdehnen und Zusammenziehen

Warum dehnt sich etwas aus oder zieht sich zusammen?

Sehr kleine Bausteine, aus denen alles auf der Welt besteht, sind die „Atome". Verbinden sich Atome miteinander, entstehen Moleküle. Sie sind immer noch so klein, dass man sie nicht mit bloßem Auge sehen kann.

In Flüssigkeiten wie z. B. Wasser sind die einzelnen Moleküle voneinander getrennt. Sie sind nicht fest an einen Ort gebunden, sondern können sich bewegen. Daher nehmen Flüssigkeiten die Form ihres Gefäßes an.

In Gasen wie z. B. Luft sind die einzelnen Moleküle vollkommen unabhängig voneinander und bewegen sich frei und „planlos" durcheinander.

Bei Wärmezufuhr erhalten die Moleküle zusätzliche Energie. Als Folge bewegen sie sich rascher und entfernen sich dadurch weiter voneinander. Sie benötigen mehr Platz. Das, was aus ihnen besteht (z. B. Flüssigkeiten oder Gase), wird größer: Es dehnt sich aus. Es befinden sich weniger Moleküle im gleichen Raum. Die Dichte ist geringer. Als Folge steigt warme Luft oder warmes Wasser immer nach oben. Dies nennt man Konvektion oder in der Luftfahrt auch Thermik.

Bei Abkühlung werden die Moleküle wieder langsamer. Sie benötigen weniger Platz. Das, was aus ihnen besteht (z. B. Flüssigkeiten oder Gase), wird kleiner: Es schrumpft oder zieht sich zusammen. Die identische Anzahl an Molekülen nimmt einen geringeren Raum ein, bzw. im gleichen Raum befinden sich viel mehr Moleküle. Die Dichte ist größer.

Hinweise für Lehrer:

Durchführung:

Luftballon-Flasche/Flaschen-Thermometer/Schrumpfflasche

Beim Einsatz eines Wasserbades sind die Schüler beim Umgang mit einer eingeschalteten Herdplatte auf die Gefahr des Verbrennens hinzuweisen.

Achten Sie darauf, dass das Wasser zwar sehr warm ist, allerdings sollte es nicht so heiß sein, dass man sich daran verbrühen kann. Der Topf sollte so hoch sein, dass die stehende Flasche ungefähr zu 2/3 im Wasser steht.

Bitte stellen Sie keine Plastikflaschen in das Wasserbad!

Um Wasser in die kleinen Flaschenöffnungen besser einfüllen zu können, sollten Messbecher oder andere Gefäße mit Ausschüttvorrichtung bereitgestellt werden.

Der Effekt beim Luftballon in der Flasche und bei der Schrumpfflasche ist umso heftiger, je schneller die Flaschen abgekühlt werden und je größer der Temperaturunterschied. Die Kühlakkus sorgen für einen größeren Temperaturunterschied, sind aber nicht unbedingt notwendig.

Achten Sie darauf, dass die Flaschen beim Befestigen der Luftballons immer von einem Schüler festgehalten werden.

Magische Flasche

☑ **Das brauchst du:**

1 Flasche

1 Trichter mit dünner Auslauföffnung

Knete

Messbecher

Wasser

Dünner Stroh- oder Trinkhalm

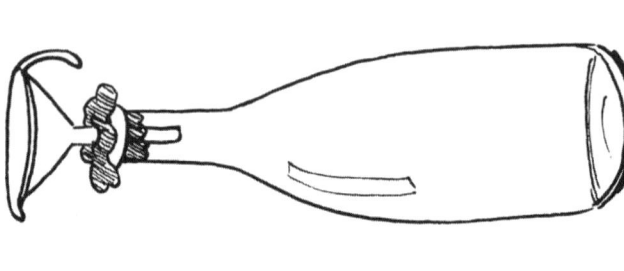

🖑 So geht es:

1. Stecke den Trichter in die Flasche.

2. Befestige ihn mit der Knete und verschließe dabei die Flaschenöffnung um den Trichter herum ganz dicht.

⚡ *Achte darauf, dass die Flasche wirklich dicht verschlossen ist!*

4. Vermute: Was passiert, wenn du langsam etwas Wasser in den Trichter füllst?

5. Lockere nun etwas den Trichter oder stecke den Strohhalm durch den Trichter bis in die Flasche.

6. Was passiert jetzt mit dem Wasser im Trichter?

👁 Was beobachtest du?

🙂 Tipps:

Das Wasser fließt sofort durch den Trichter?

Achte darauf, dass die Flaschenöffnung mit der Knete um den Trichter herum richtig dicht verschlossen ist.

Gieße nicht zu viel Wasser auf einmal in den Trichter, sonst läuft alles auf den Tisch.

Ilona Gröning: Experimente für den Sachunterricht
© Persen Verlag

Lehrerseite „Magische Flasche"

Hintergrundwissen:
Siehe Hintergrundwissen des Kapitels „Luft" auf Seite 39.

Lösung des Arbeitsblattes:

❶

Die Erde ist von einer Hülle aus Luft umgeben. Luft ist überall, auch wenn wir sie nicht sehen. Im Experiment verschließen Knete und Trichter die Öffnung der Flasche. Sobald der Trichter mit Wasser gefüllt ist, kann keine Luft mehr aus der Flasche heraus. Die Flasche ist schon mit Luft gefüllt und das Wasser passt nicht mehr mit in die Flasche hinein.

❷

Blau zu malen sind das Innere der Flasche und die Umgebung.

ⓘ Erklärung:

Obwohl die **Flasche** völlig leer aussah, passte das Wasser einfach nicht mehr hinein. Die Flasche ist überhaupt nicht **leer,** sondern randvoll mit Luft gefüllt.

Um Wasser in die Flasche gießen zu können, muss die **Luft** dafür Platz machen.

Mit der **Knete** um den **Trichter** ist die Flaschenöffnung dicht verschlossen. Durch das Wasser im Trichter kann die Luft auch nicht entweichen. Also ist die Flasche voll und es passt nichts mehr hinein.

Erst wenn der Trichter gelockert wird oder durch den Strohhalm eine Öffnung entsteht, kann das Wasser in die Flasche **fließen** und dabei die Luft aus der Flasche verdrängen.

Folgende Wörterliste hilft dir beim Ausfüllen des Auswerteblattes:

 Flasche, leer, Knete, Luft, Trichter, fließen

Hinweise für Lehrer:

Durchführung:

Verwenden Sie eine einfache Flasche mit kleiner Öffnung. Der Messbecher ist nur zum Einfüllen gedacht. Sie können auch ein anderes Gefäß mit „Auslaufnase" verwenden.

Achten Sie darauf, dass die Schüler entsprechend der Trichtergröße immer nur wenig Wasser verwenden. Solange nichts durch den Trichter in die Flasche fließt, läuft ansonsten alles über den Trichterrand auf den Tisch.

❶ Ergänze den Lückentext mit den unten angegebenen Wörtern.

Die Erde ist von einer Hülle aus _____ umgeben.

Luft ist überall, auch wenn wir sie nicht sehen. Im Experiment verschließen

_____ und Trichter die Öffnung der Flasche. Sobald der

Trichter mit _____ gefüllt ist, kann keine Luft mehr aus der

Flasche _____ .

Die Flasche ist schon mit Luft gefüllt und das Wasser passt _____

mehr mit in die Flasche hinein.

Knete, heraus, Luft, nicht, Wasser

❷ Wo ist überall Luft? Male das Bild dort blau an.

Ilona Gröning: Experimente für den Sachunterricht
© Persen Verlag

Dosenmilch-Phänomen

☑ Das brauchst du:

1 Glas

Wasser

Frischhaltefolie

Klebeband

Prickernadel

Schüssel

Handtuch zum Abtrocknen

☜ So geht es:

1. Fülle das Glas ungefähr halbvoll mit Wasser.

2. Verschließe das Glas mit einem Stück Frischhaltefolie.
   Verwende dazu das Klebeband. Falte die Folie über den Rand
   des Glases und klebe ein bis zwei Runden Klebeband darum.

   🖉 *Achte darauf, dass das Glas dicht verschlossen ist!*

4. Vermute: Was passiert, wenn du ein Loch in die Folie stichst
   und dann das Glas auf den Kopf drehst?

   🖉 *Stich nicht direkt in die Mitte, sondern etwas am Rand in die*
   Folie!

   🖉 *Halte das Glas beim Umdrehen über eine Schüssel!*

5. Drehe das Glas wieder um und stich nun ein zweites und später
   noch ein drittes Loch in die Folie. Stich das zweite Loch auf der
   gegenüberliegenden Seite des ersten Loches.

6. Was passiert jeweils mit dem Wasser im Glas, wenn du es
   wieder auf den Kopf drehst?

7. Drehe das Glas nicht bis ganz auf den Kopf, sondern nur halb.
   Was passiert jetzt?

◉ Was beobachtest du?

☺ Tipps:

Bevor du das erste Loch in die Folie stichst: Teste, ob das
Glas wirklich dicht verschlossen ist! Wenn du es auf den Kopf
drehst, sollte kein Wasser auslaufen.

ⓘ Erklärung:

Ist die **Folie** dicht **angeklebt**, verschließt sie das Glas wie ein Deckel. Wird das **Glas** auf den Kopf gedreht, kann das Wasser nicht **auslaufen**. **Stichst** du mit einer Nadel ein **Loch** in die Folie, läuft trotzdem noch kein Wasser aus. Die Luft, die alles umgibt, drückt gegen das **Wasser** im Loch. Der Druck der Luft ist stärker als der Druck vom Wasser. Es kann nicht auslaufen, auch wenn das Glas **umgedreht** ist.

Sobald Wasser aus dem Glas fließt, wird darin Platz frei. Um diesen frei werdenden Platz wieder auszugleichen, müsste Zimmerluft von außen in das Glas kommen.

Dazu sind mindestens zwei Löcher im Deckel notwendig. Steht das Glas allerdings auf dem Kopf, verschließt das Wasser im Glas die Löcher. Es kann keine Luft von außen durch das Wasser hindurch in das Glas. Aus diesem Grund kann auch kein Wasser aus dem Glas herausfließen.

Dabei ist es egal, wie viele Löcher in der Frischhaltefolie sind. Wird das Glas nur schräg gehalten und mindestens ein Loch im Deckel ist nicht von Wasser bedeckt, dann kann durch dieses Loch die Luft in das Glas. Das Wasser wird durch die anderen Löcher herausfließen.

Folgende Wörterliste hilft dir beim Ausfüllen des Auswerteblattes:

> Glas, Wasser, Folie, kleben, Loch, stechen, umdrehen, auslaufen

Hinweise für Lehrer:

Durchführung:

Achten Sie darauf, dass immer eine ausreichend große Schüssel vor dem Umdrehen der Gläser untergestellt wird. Lassen Sie die Gläser maximal halbvoll mit Wasser füllen.

Als Klebeband reicht einfaches Kreppklebeband. Damit das Glas dicht verschlossen werden kann, sollten die Schüler darauf achten, dass der äußere Rand immer trocken ist. Ein bis zwei Lagen Klebeband reichen aus. Die Frischhaltefolie sollte nur etwas größer sein als der Durchmesser des Glases. Verwenden Sie keine Trinkbecher aus Plastik, da diese nicht so gut abgedichtet werden können.

Es ist egal, wie viele Löcher in die Deckel gestochen werden; solange keine Luft in die Gläser kommen kann, wird kein Wasser auslaufen. Nur wenn die Löcher zu groß werden, läuft das Wasser aus.

Hintergrundwissen:

Siehe Hintergrundwissen des Kapitels „Luft" auf Seite 39.

Lösung des Arbeitsblattes:

❶

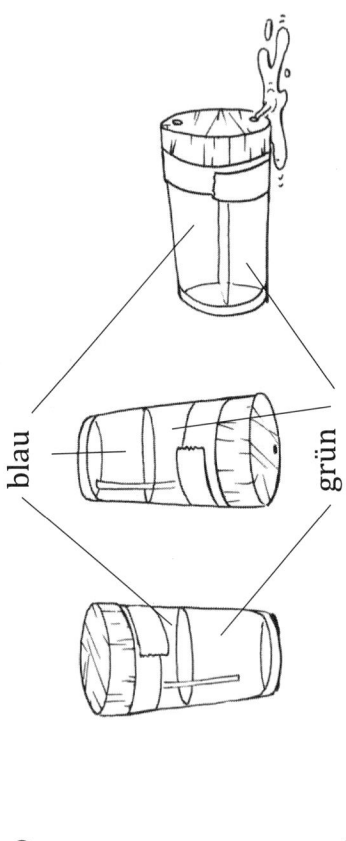

blau

grün

❷ Im Experiment muss die Folie das Glas völlig dicht verschließen. Ist ein Loch in der Folie und das Glas auf den Kopf gedreht, läuft das Wasser nicht aus dem Glas aus. Damit das Wasser auslaufen kann, müssen mindestens zwei Löcher in der Folie sein. Nur wenn Luft in das Glas kommen kann, wird das Wasser auslaufen. Die Luft kann nur in das Glas, wenn es halb auf den Kopf gedreht ist.

Ilona Gröning: Experimente für den Sachunterricht
© Persen Verlag

❶ Male in den Bildern das Wasser grün und die Luft blau an!

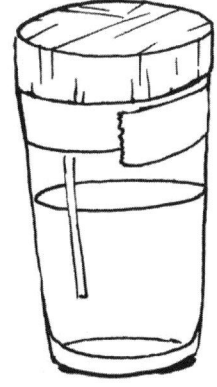 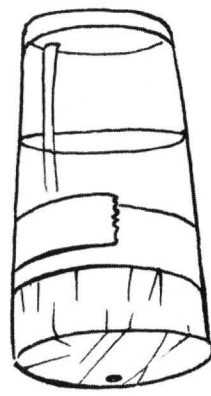 

❷ Unterstreiche die richtigen Wörter in den Klammern.

Im Experiment muss die Folie das Glas völlig (undicht / dicht) verschließen.

Ist ein Loch in der Folie und das Glas auf den Kopf gedreht, läuft das Wasser

(sofort / nicht) aus dem Glas aus.

Damit das Wasser auslaufen kann, müssen mindestens (ein / zwei) Löcher in

der Folie sein.

Nur wenn (nichts / Luft) in das Glas kommen kann, wird das Wasser auslaufen.

Die Luft kann nur in das Glas, wenn es (ganz / halb) auf den Kopf gedreht ist.

Gummibärchen tauchen

☑ **Das brauchst du:**

Hohe Schüssel

Gummibärchen

1 kleines Glas

Wasser

1 Blatt Papier

Handtuch zum Abtrocknen

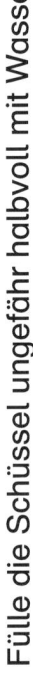

So geht es:

1. Fülle die Schüssel ungefähr halbvoll mit Wasser.

2. Nimm ein Gummibärchen und vermute: Wie kannst du es unter Wasser tauchen?

✦ *Wichtig: Das Bärchen darf dabei nicht nass werden!*

3. Nimm das kleine Glas zu Hilfe.

◈ <u>Was beobachtest du?</u>

☺ <u>Tipps:</u>

Nimm ein großes Blatt Papier und zerknülle es.

Presse es fest auf den Boden des Glases.

Nun tauche das Glas rasch mit der Öffnung nach unten in die Schale mit Wasser.

Was geschieht mit dem Papier?

Verwende nun deine Entdeckung zum „Trockentauchen" der Gummibärchen.

Mache einen Tropfen Wasser an das Gummibärchen, dann klebt es wunderbar im Glas fest.

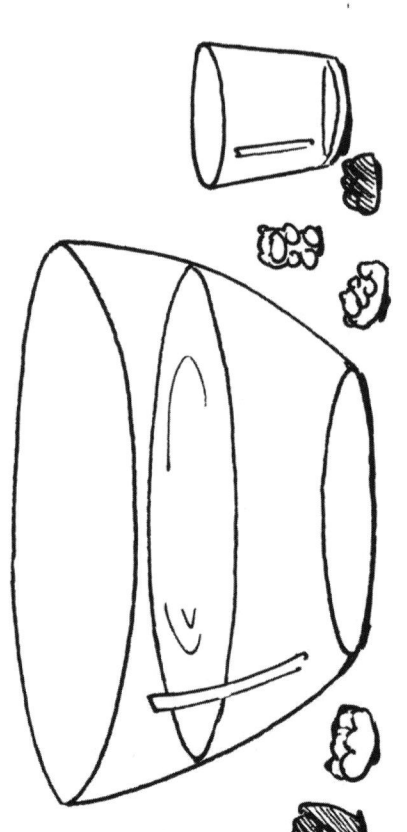

Ilona Gröning: Experimente für den Sachunterricht
© Persen Verlag

Lehrerseite „Gummibärchen tauchen"

ⓘ Erklärung:

Das **Glas** ist nicht leer, sondern ganz mit Luft gefüllt.

Das **Wasser** kann nur in das Glas, wenn es dabei die Luft daraus verdrängt. Die Luft kann aber nicht durch das Glas hindurch entweichen. Durch das Wasser unter den Glasrand herum kann die Luft auch nicht. Sie kann nur nach oben, weil sie leichter ist als das Wasser. Solange du das Glas senkrecht in der **Schüssel** mit Wasser **untertauchst**, gibt es kein Entkommen für die eingeschlossene Luft. Auch kann Luft durch Wasser nur wenig zusammengepresst werden (das nennt man: verdichten). Jedenfalls nicht genug, damit sich das ganze Glas mit Wasser füllen könnte. Nur etwas Wasser steigt in das Glas. Die eingeschlossene Luft drückt dagegen und verhindert so, dass das **Papier** oder **Gummibärchen** nass wird.

Kippst du das Glas leicht zur Seite, kann die Luft in großen Blasen entweichen und durch das Wasser nach oben steigen. Je mehr Luft entweicht, umso mehr Wasser steigt in das Glas.

Hinweise für Lehrer:

Durchführung:

Achten Sie darauf, dass die Schüsseln nicht zu voll sind. Durch das Untertauchen des Glases und der Hand steigt das Wasser in der Schüssel deutlich an.

Verwenden Sie keine Plastikbecher. Durch die raue Oberfläche bleiben die Gummibärchen nicht kleben. Zudem sehen die Schüler auch nicht, was im Innern des Bechers vorgeht.

Das Papier sollte nur so groß sein, dass das Glas zu 1/3 damit ausgefüllt ist. Ist das Papier zu groß, reicht das Wasser im Glas bis zum Papier und es wird nass. Ist das Papier zu klein, hält es nicht im Glas und fällt schon beim Umdrehen des Glases wieder heraus.

Lösung des Arbeitsblattes:

❶

Bärchen klebt innen am Glasboden,

Wasser steigt im Glas nur sehr wenig auf.

Blau zu zeichnen ist die Luft innerhalb des Glases und die Luft über der Wasseroberfläche der Schüssel.

❷

Das Glas ist mit Luft gefüllt.

Wird das Glas mit der Öffnung nach unten in das Wasser getaucht, läuft es nicht voll Wasser.

Die Luft im Glas wird beim Untertauchen als Luftblase im Glas eingeschlossen und kann nicht entweichen.

Das Gummibärchen ist mit in der Luftblase und wird nie nass.

Luft ist leichter als Wasser.

Folgende Wörterliste hilft dir beim Ausfüllen des Auswerteblattes:

 Glas, Wasser, Schüssel, Papier, untertauchen, Gummibärchen

Hintergrundwissen:

Siehe Hintergrundwissen des Kapitels „Luft" auf Seite 39.

❶ Zeichne die Höhe des Wasers im Glas und das Gummibärchen in das Bild.
Male die Luft blau an.

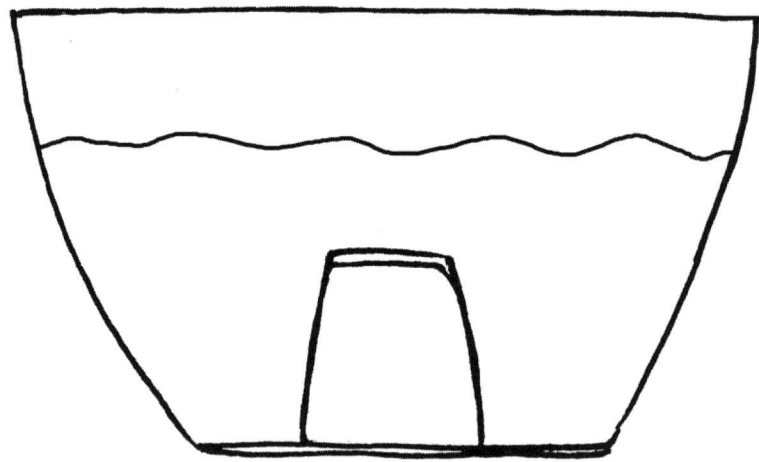

❷ Unterstreiche die richtigen Wörter in den Klammern.

Das Glas ist mit (Nichts / Luft) gefüllt.

Wird das Glas mit der Öffnung nach (unten / oben) in das Wasser getaucht,

läuft es nicht voll Wasser.

Die Luft im Glas wird beim Untertauchen als Luftblase im Glas eingeschlossen

und kann (nicht / sofort) entweichen.

Das Gummibärchen ist mit in der Luftblase und wird (immer / nie) nass.

Luft ist (leichter / schwerer) als Wasser.

Ilona Gröning: Experimente für den Sachunterricht
© Persen Verlag

Das Gewicht von Luft kann mittels eines weiteren kleinen Experimentes bewiesen werden. Sie benötigen dazu eine empfindliche Küchen- oder Briefwaage und einen Luftballon.

Wiegen Sie den leeren Ballon und wiegen Sie anschließend den aufgepusteten und verschlossenen Ballon. Der mit Luft gefüllte Ballon ist eindeutig schwerer, auch wenn die Gewichtsdifferenz nur klein ist.

Zusätzlich zum Experiment: Dosenmilch-Phänomen

Würde das Wasser aus unserem geschlossenen System „Glas" ausfließen, müsste im Glas ein Unterdruck entstehen. Gegen den Luftdruck von außen ist dazu die Kraft, die durch das Gewicht der Wassersäule im Glas ausgeübt wird, zu gering. Wir kennen dieses Phänomen von der Dosenmilch. Nur mit zwei Löchern fließt die Milch aus der Dose. Damit nur ein Loch ausreicht, müsste der Druck der Flüssigkeit von innen gegen den Luftdruck außen erhöht werden. Dies geht durch Drücken der Dose oder, angewendet in unserem Experiment, durch Druck auf die Folie. Dann würde auch mit nur einem Loch im Deckel die Flüssigkeit ausfließen. Wenn Sie dies ausprobieren lassen, sollten Sie darauf achten, dass die Folie nicht reißt.

Dass das Wasser die Löcher in der Folie verschließt, hängt mit der Oberflächenspannung von Wasser zusammen (Siehe auch Hintergrundwissen Kap. 6 Oberflächenspannung).

Zusätzlich zum Experiment: Gummibärchen tauchen

Dass Luft leichter als Wasser ist, kennen alle Kinder vom Spielen in der Badewanne, es wird ihnen nur nicht bewusst. Aus allen untergetauchten Spielsachen entweicht die Luft immer in Blasen nach oben. Nie sinken Luftblasen auf den Grund der Badewanne.

Hintergrundwissen:

Luft und Luftdruck

Wir sind auf der Erde immer von Luft umgeben. Wie die Fische im Meer leben wir praktisch auf dem Grund eines riesigen „Meeres" nur aus Luft. Wie alles hat auch Luft eine Masse, welche von der Erde angezogen wird.

Legt man ein dickes Buch auf sein Bein, spürt man das Gewicht des Buches als Druck. Genauso ist es mit Luft, sie ist nicht NICHTS, sondern hat auch ein Gewicht. Da wir immer davon umgeben sind, spüren wir dieses Gewicht nicht. Die Kraft, die das Eigengewicht der Luft auf eine Fläche ausübt, nennt man Luftdruck. Die Wirkung des Luftdruckes ist für uns erst dann erkennbar, wenn er einseitig wirkt.

Unsere Lufthülle, die Atmosphäre, reicht bis in eine Höhe von ca. 700 km. Die Größe des Luftdruckes ist abhängig von der Höhe der sich darüber befindenden Luftschicht, bzw. der Höhe des Erdniveaus, auf dem man sich befindet. Je größer die Höhe, umso geringer wird die Anzahl der Luftteilchen (die Dichte nimmt ab und es gibt weniger Sauerstoffanteile). Dadurch nimmt der Luftdruck ab.

Veränderungen des Luftdruckes spürt man deutlich beim Fliegen oder Autofahren in den Bergen. Auch in einem Fahrstuhl macht sich eine Differenz im Luftdruck in Abhängigkeit von der Höhe bemerkbar.

Kerze im Glas

☑ **Das brauchst du:**

Wasser

1 flache Schale oder 1 Suppenteller

Kerze

Feuerzeug

Gläser

 **So geht es:**

1. Fülle etwas Wasser in die Schale oder den Teller.

   Stelle eine Kerze in die Mitte.

2. Lasse die Kerze von deinem Lehrer anzünden.

3. Vermute: Was geschieht, wenn du ein Glas vorsichtig über die

   Kerze stülpst?

 **Was beobachtest du?**

☺ **Tipps:**

Stülpe das Glas vorsichtig über die Kerze, damit das Wasser

nicht die Kerze auslöscht. Funktioniert es nicht, verwende

etwas weniger Wasser.

Du kannst auch zuerst die Kerze anzünden lassen und dann

langsam das Wasser in die Schale gießen.

Ist der Docht nass geworden, brennt er nicht mehr und knistert

bei dem Versuch ihn anzuzünden.

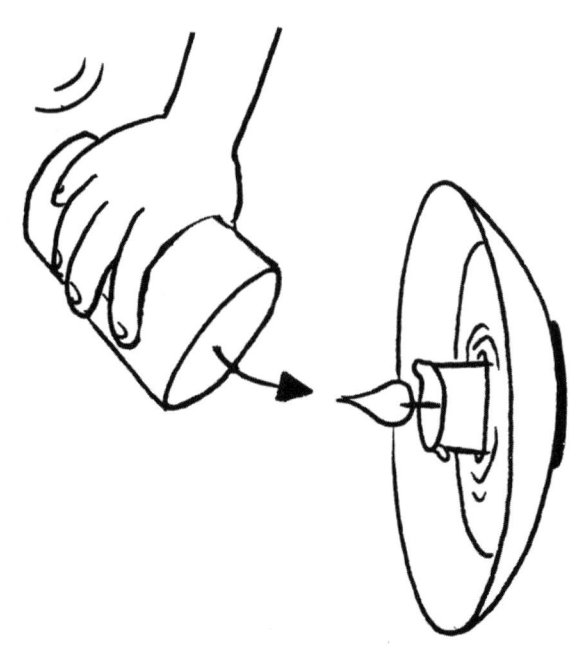

Ilona Gröning: Experimente für den Sachunterricht
© Persen Verlag
Persen

Lehrerseite „Kerze im Glas"

Folgende Wörterliste hilft dir beim Ausfüllen des Auswerteblattes:

 Wasser, Schale, Kerze, brennen, Glas, ausgehen, hochsteigen

Hinweise für Lehrer:

Durchführung:

Besprechen Sie zuerst ausführlich die Sicherheitshinweise mit den Schülern!

Bitte beachten Sie die Hinweise für Lehrer zum Kapitel „Druck (Überdruck und Unterdruck erzeugen)" auf Seite 49.

Hintergrundwissen:

Siehe Hintergrundwissen des Kapitels „Druck (Überdruck und Unterdruck erzeugen)" auf Seite 50.

Lösung des Arbeitsblattes:

❶

Wasserstand

❷

Eine Kerzenflamme braucht Sauerstoff zum Brennen.
Wird ein Glas mit der Öffnung nach unten über die brennende Kerze im Wasser gestellt, dann geht die Kerzenflamme aus.
Die Luft im Glas besteht zum Teil aus Sauerstoff.
Ist der Sauerstoff verbraucht, entsteht Unterdruck im Glas.
Um den Druck auszugleichen, steigt Wasser in das Glas.

✎ Sicherheitsregeln!

Spiele niemals alleine, ohne Erlaubnis oder zu Hause mit Feuer!
Mädchen mit langen Haaren machen einen Zopf!

Ist die Kerze zu hoch oder das Glas zu niedrig, kommt die Flamme an den Glasboden. Das sollte nicht passieren.

Das Glas wird immer heiß: also nicht direkt oben anfassen.

Keine dünnwandigen (teuren) Trinkgläser verwenden. Der Temperaturunterschied (oben heißes Glas und unten kaltes Wasser) erzeugt Spannungen im Glas. Es könnte zerspringen. Meist geschieht dies durch die Erschütterung in dem Moment, wenn das Glas angefasst wird. Verletzungsgefahr!

ⓘ Erklärung:

Die Kerzenflamme braucht Sauerstoff zum **Brennen**. Die Luft besteht zum Teil aus Sauerstoff. Ist der Sauerstoff im Glas aufgebraucht, **geht die eingeschlossene Kerze** qualmend **aus.**

Das Wasser in der **Schale** verhindert, dass neue Luft aus dem Zimmer den verbrauchten Sauerstoff im Glas wieder auffüllt. Es verschließt das Glas nach außen dicht.

Im Glas fehlt nun etwas. Dies nennt man: Es entsteht Unterdruck im Glas. Zum Ausgleich wird der Platz im Glas mit dem **Wasser** aus der Schale gefüllt, auch wenn es dafür nach oben steigen muss. Den Unterdruck spürst du daran, dass das **Glas** beim Hochheben im Wasser festzukleben scheint.

Je größer die Flamme einer Kerze ist, umso mehr Sauerstoff verbraucht sie beim Brennen.

Sind die Gläser unterschiedlich groß, ist auch mehr oder weniger Sauerstoff darin.

Je mehr Sauerstoff durch die Kerzenflamme verbraucht wird, umso mehr Wasser kann im Glas **hochsteigen.**

❶ Zeichne die Höhe des Wassers in die Bilder.

❷ Unterstreiche die richtigen Wörter in den Klammern.

Eine Kerzenflamme braucht (Wasserstoff / Sauerstoff) zum Brennen.

Wird ein Glas mit der Öffnung nach unten über die brennende Kerze im Wasser

gestellt, dann geht die Kerzenflamme (an / aus).

Die Luft im Glas besteht (nur / zum Teil) aus Sauerstoff.

Ist der Sauerstoff verbraucht, entsteht (Unterdruck / Überdruck) im Glas.

Um den Druck auszugleichen, (steigt / sinkt) Wasser in das Glas.

Ilona Gröning: Experimente für den Sachunterricht
© Persen Verlag

Magische Laborpflanze

☑ Das brauchst du:

1 kleinen Blumentopf mit Löchern im Boden

2 Brausetabletten

1 Stein

Übertopf für Zimmerpflanzen

1 Latexhandschuh

Klebeband

Blähton

Wasser

✋ So geht es:

1. Lege zwei Brausetabletten und den Stein in den kleinen Blumentopf.

2. Stülpe den Handschuh ca. 2–3 cm weit über den kleinen Blumentopf und klebe ihn am Rand fest.

   ↗ *Wichtig: Der Handschuh muss das Töpfchen wie ein Deckel ganz dicht verschließen! Die Löcher im Boden müssen frei bleiben!*

3. Fülle einige Blähton-Kugeln in den Übertopf. Stelle den kleinen Blumentopf mit hinein. Der Handschuh sollte locker zusammengefaltet darauf liegen. Fülle nun die restlichen Blähton-Kugeln in den Übertopf und über den Handschuh.

   ↗ *Der kleine Topf mit dem Handschuh darf nicht mehr zu sehen sein!*

4. Vermute: Was geschieht, wenn du nun deine magische Laborpflanze mit etwas Wasser gießt?

5. Gieße nun das Wasser in den Übertopf.

👁 Was beobachtest du?

☺ Tipps:

Achte darauf, dass der Handschuh nicht eingeklemmt ist.
Fülle nicht zu viele Blähton-Kugeln auf das kleine Töpfchen.
Gebe nur so viele in den Übertopf, dass der Handschuh nicht mehr zu sehen ist. Gieße nicht zu wenig Wasser in den Übertopf.

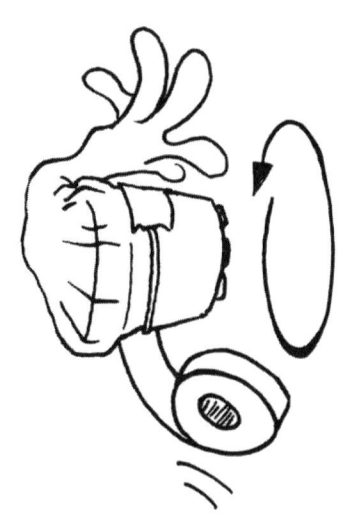
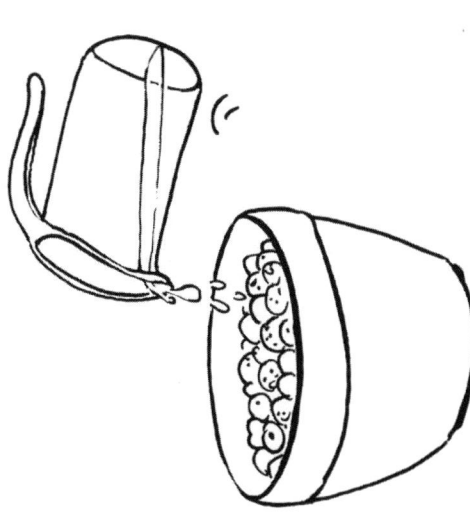

Lehrerseite „Magische Laborpflanze"

Lösung des Arbeitsblattes:

❶

Der Wasserstand im großen Übertopf ist mindestens so hoch wie der tiefste Punkt des kleinen Topfes. Die Wasserstände im großen und kleinen Topf müssen identisch sein.

❷

Mögliche Antworten:

1.) Beim Auflösen von Brausetabletten in Wasser entsteht:

   – ein Gas;
   – Gasblasen;
   – ein Sprudeln;
   – sprudelndes Brausewasser.

2.) Das Gas ist leichter als Wasser.
   Die Gasblasen sind leichter.
   Das Gas aus den Brausetabletten ist leichter als Wasser.

ⓘ Erklärung:

Durch die Löcher im Boden läuft **Wasser** in den kleinen Blumentopf. Das Wasser löst die Brausetabletten auf. Dabei entsteht ein **Gas** (CO_2 = Kohlenstoffdioxid). Man kann sogar das Sprudeln der Tabletten im Topf hören. Im kleinen Topf entsteht sehr viel Gas, welches zusätzlichen Platz benötigt. Der Handschuh verschließt den kleinen Topf nach oben dicht wie ein Deckel und unten steht der Topf im Wasser. Das gebildete Gas ist leichter als Wasser und entweicht nicht nach unten durch das Wasser. Es nimmt den einfacheren Weg und steigt nach oben in den **Handschuh** und pustet diesen dabei wie einen Luftballon auf. Die Blähton-Kugeln sind ganz leicht und fallen vom Handschuh herunter. Es sieht aus, als würde aus dem **Blumentopf** eine „magische Pflanze" **wachsen.**

Folgende Wörterliste hilft dir beim Ausfüllen des Auswerteblattes:

 Blumentopf, Wasser, wachsen, Handschuh, Gas

Hinweise für Lehrer:

Durchführung:

Bitte beachten Sie die Hinweise für Lehrer zum Kapitel „Druck (Überdruck und Unterdruck erzeugen)" auf Seite 49.

Hintergrundwissen:

Siehe Hintergrundwissen des Kapitels „Druck (Überdruck und Unterdruck erzeugen)" auf Seite 50.

Ilona Gröning: Experimente für den Sachunterricht
© Persen Verlag

❶ Zeichne die Höhe des Wassers in das Bild. Male das Wasser blau an.

❷ Beantworte die folgenden Fragen.

1) Was entsteht beim Auflösen von Brausetabletten in Wasser?

2) Was ist leichter: Wasser oder das Gas aus den Brausetabletten?

Raketen

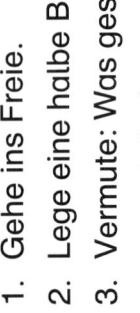

☑ **Das brauchst du:**

Leere Überraschungs-Eier (oder Filmdosen)

Halbierte Brausetabletten

Wasser

Experimentier-Partner

 **So geht es:**

1. Gehe ins Freie.
2. Lege eine halbe Brausetablette in ein Ei.
3. Vermute: Was geschieht mit dem Ei, wenn du noch Wasser hineinfüllst?
4. Fülle nun etwas Wasser dazu.
5. Verschließe das Ei schnell und stelle es zügig auf den Boden! Gehe drei Schritte weg und beobachte das Ei.

Was beobachtest du?

☺ **Tipps:**

Halte dein Gesicht nicht direkt über das Ei. Warte unbedingt eine Weile ab.

Gieße nicht zu viel Wasser in das Ei.

War das Ei nicht dicht verschlossen und sprudelte das Brausewasser an den Seiten heraus? Dann probiere ein anderes Ei aus.

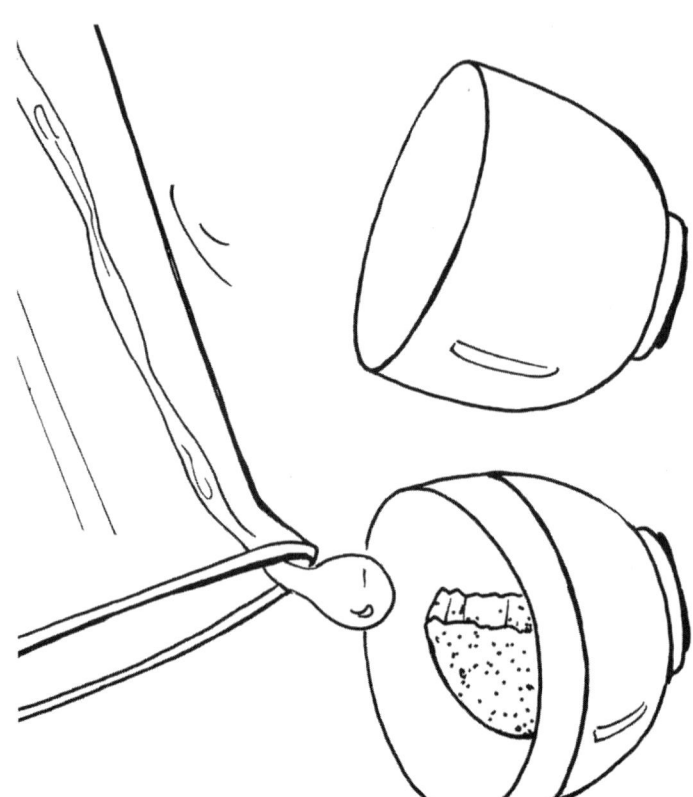

Ilona Gröning: Experimente für den Sachunterricht
© Persen Verlag

ⓘ Erklärung:

Das **Wasser** löst die **Brausetablette** auf. Dabei entsteht ein Gas (CO_2 = Kohlenstoffdioxid). Dieses Gas benötigt sehr viel mehr Platz als das Wasser und die Luft im **Plastik-Ei**. Ist das Ei dicht verschlossen, entsteht darin durch das zusätzliche Gas ein Überdruck. Irgendwann ist dieser Druck zu groß für das Ei. Es platzt auf und das Gas wird mit dem restlichen Wasser herausgeschleudert. Dies ist der Raketen-Antrieb. Steht das Ei auf dem Boden, reicht der Druck aus, um mit dem Gas das Wasser und die obere Eier-Hälfte wie eine Rakete meterweit in die Luft **fliegen** zu lassen.

Lösung des Arbeitsblattes:

❶

Das Wasser löst die Brausetabletten auf.

Bei dem Auflösen der Brausetabletten entsteht ein Gas.

Sind das Wasser und die Brausetablette in einem fest verschlossenen Behälter, kann das entstehende Gas nicht entweichen. In dem Behälter entsteht ein Überdruck.

Die Kraft durch diesen Überdruck auf den Behälter ist so groß, dass er auseinander platzen kann.

❷

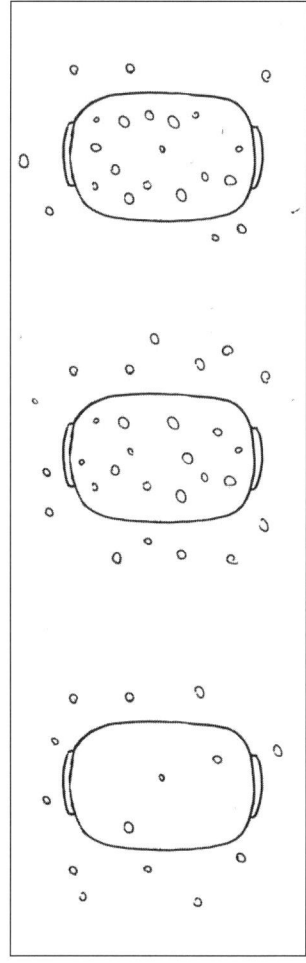

Unterdruck   Normaler Druck   Überdruck

Folgende Wörterliste hilft dir beim Ausfüllen des Auswerteblattes:

 Plastik-Ei, Wasser, Brausetablette, fliegen

Hinweise für Lehrer:

Durchführung:

Bitte beachten Sie die Hinweise für Lehrer zum Kapitel „Druck (Überdruck und Unterdruck erzeugen)" auf Seite 49.

Hintergrundwissen:

Siehe Hintergrundwissen des Kapitels „Druck (Überdruck und Unterdruck erzeugen)" auf Seite 50.

❶ Ergänze den Lückentext mit den unten angegebenen Wörtern.

Das Wasser _____ die Brausetabletten auf.

Bei dem Auflösen der Brausetabletten entsteht ein _____.

Sind das Wasser und die Brausetablette in einem fest verschlossenen Behälter,

kann das entstehende Gas nicht _____.

In dem Behälter entsteht ein _____.

Die Kraft durch diesen Überdruck auf den Behälter ist so groß, dass er

auseinander _____ kann.

löst,   entweichen,   platzen,   Überdruck,   Gas

❷ Ordne die Texte den Bildern zu.

Normaler Druck	Überdruck	Unterdruck

_____   _____   _____

Ilona Gröning: Experimente für den Sachunterricht
© Persen Verlag

Hinweise für Lehrer:

Durchführung:

Kerze im Glas

Sie können beliebige Arten von Gläsern verwenden. Bestens eignen sich alte Marmeladengläser oder Labor-Bechergläser, da diese besonders temperaturbeständig sind. Achten Sie darauf, dass bei den Bechergläsern die Ausgießöffnung unter Wasser getaucht ist. Sonst findet darüber ein Druckausgleich statt.

Trocknen Sie nass gewordene Kerzendochte einfach mit einem Tuch ab. Beim Erlöschen qualmen die Kerzen sehr stark. Oft ist dies das Erste und Einzige, was den Schülern auffällt, vor allem wenn nur sehr wenig Wasser im Glas aufsteigt. Lassen Sie das Experiment mehrmals durchführen mit dem Hinweis, genauer darauf zu achten, was passiert. Sie können zusätzlich das Wasser mit etwas Tinte oder Lebensmittelfarbe anfärben. Die Kerze sollte einen Moment gebrannt haben, bevor das Glas darüber gestülpt wird. Je größer die Flamme, umso größer ist der Sauerstoffverbrauch, bevor sie erlischt.

Verwenden Sie unterschiedliche Kerzen. Sollten sie zu larg sein, können die Kerzen einfach mit einem scharfen Messer in der Höhe geteilt werden. Teelichter sind nur bedingt geeignet. Der Docht ist sehr dünn und kurz. Bereits nach 2–3 Versuchen ist der Docht abgebrannt und die Kerze lässt sich nicht mehr anzünden.

Ist sehr wenig Wasser in der Schale, wird es vollständig unter das Glas gesaugt. Ist der entstandene Unterdruck dadurch noch nicht ausgeglichen, wird in großen Blasen Luft durch das Wasser unter das Glas gezogen.

Magische Laborpflanze

Dieses Experiment eignet sich hervorragend als Demonstrationsexperiment. Sie selbst oder eine kleine Schülergruppe können das Experiment vorbereiten und anschließend der restlichen Klasse vorführen. Es erscheint den Schülern als reinste Zauberei. Vor allem, wenn Sie „magisches Wasser" zum Gießen der Pflanze verwenden. Färben Sie dazu das Wasser ein. Einen ganz besonderen Effekt erzielen Sie mit „Uranin". (Bezugsquelle siehe Experiment Kristalle züchten.) Begrenzen Sie die Wassermenge. Der Übertopf sollte maximal zu 2/3 mit Wasser gefüllt werden. Verwenden Sie Einweghandschuhe, wie sie im Verbandskasten vorgeschrieben sind: Keinen Gummihandschuh zum Putzen, denn diese sind zu schwer.

Raketen

<u>Sicherheitsregel:</u> Wichtig ist die Schüler vorab darauf hinzuweisen, dass sie NICHT das Gesicht über die Eier halten!

Sammeln Sie mit den Schülern leere „Ü-Eier". Bedingt geeignet sind auch Filmdosen. Bei Filmdosen muss man darauf achten, dass sie dicht schließen. Für die Flughöhe ist es entscheidend, ob die Dose auf dem Deckel oder richtig herum steht.

Führen Sie dieses Experiment immer im Freien durch. Die Eier fliegen mehrere Meter hoch. Halten Sie einen Besen und Eimer mit Wasser bereit, um den Schulhof wieder reinigen zu können.

Manchmal dauert es eine Weile, bis der Druck im Ei hoch genug ist. Meist platzt es durch die Erschütterung des Anfassens auseinander.

In den Experimenten magische Laborpflanze und Raketen haben wir den Überdruck im System durch die zusätzliche Bildung von Kohlenstoffdioxid erzeugt.

Im Experiment Kerze im Glas haben wir den Unterdruck durch die Verringerung des Sauerstoffs erzeugt.

Luft ist eine Mischung aus unsichtbaren und geruchlosen Gasen. Sie besteht zu ca. 21 % aus Sauerstoff, ca. 78 % Stickstoff und 1 % sonstige Edelgase. Zusätzlich enthält die Luft Wassermoleküle (Wasserdampf), dies ist die Luftfeuchtigkeit, und feine Schmutzpartikel.

Eine Flamme verbraucht bei der Verbrennung nur den Sauerstoffanteil.

Aus diesem Grund kann das Wasser auch nur bis zu einer bestimmten Höhe im Glas aufsteigen und nicht das gesamte Innere des Glases ausfüllen.

Früher wurde für Druck die Einheit [Torr], nach dem italienischen Physiker Evangelista Torricelli verwendet. Er fand heraus, dass der Luftdruck in Meereshöhe dem Gewicht einer 10 Meter hohen Wasserschicht entspricht.

Heute wird der Druck üblicherweise in [Pascal] bzw. [Hektopascal] angegeben. Weiterhin verwendet wird noch die Einheit [bar]. Der normale durchschnittliche Luftdruck auf Meereshöhe, wie wir ihn von der Wettervorhersage kennen, beträgt ca. 1,013 bar oder 1013 Hektopascal [hPa].

Dieser Luftdruck halbiert sich jeweils pro 5 Kilometer, die man in die Höhe steigt. Im Gegensatz dazu steigt der Druck beim Tauchen jeweils alle 10 Meter Tauchtiefe um 1 Bar an.

Die Reste der Brausetabletten können vom Boden aufgehoben und weiter verwendet werden.

Verwenden Sie maximal eine halbe Tablette pro Ei.

Achten Sie darauf, nicht zu viel Wasser mit einzufüllen. Ist das Ei zu voll, kann sich nicht genug Druck aufbauen und die „Rakete" fliegt nicht. Das Ei sollte nach Zugabe des Wassers zügig verschlossen und auf den Boden gestellt werden. Meist gelingt dies den Schülern leichter zu zweit: Einer füllt Wasser ein und der zweite verschließt das Ei.

Alternativ funktioniert das Experiment auch mit Backpulver und einer Säure (Essig oder Zitronensaft).

In die Luft geworfene Eier platzen nur auf. Die Teile fliegen nicht auseinander, denn es fehlt der Gegendruck des Bodens.

Hintergrundwissen:
Druck (Über- und Unterdruck)

Als Druck bezeichnet man eine Kraft, welche auf eine Fläche wirkt. Diese Kraft beruht auf der Anziehungskraft der Erde (der Schwerkraft).

Alle Massen, das sind sowohl feste Gegenstände als auch Wasser oder Luftteilchen, werden durch diese Schwerkraft angezogen. Über- bzw. Unterdruck ist die Differenz zwischen dem Innendruck und dem Außendruck eines Systems.

Der Außendruck ist meist der uns umgebende Luftdruck. Den Innendruck eines Systems kann man verändern, indem man die Anzahl der darin befindlichen Masseteilchen erhöht oder verringert. (Siehe auch Kap. 3 Ausdehnen und Zusammenziehen).

Ilona Gröning: Experimente für den Sachunterricht
© Persen Verlag

Wasserinsekten

☑ **Das brauchst du:**

Aluminiumfolie
Schere
Büroklammer
Große Schüssel
Wasser
Trinkhalm
Spülmittel

So geht es:

1. Schneide ein rechteckiges Stück aus der Aluminiumfolie aus. Es sollte etwas länger und mindestens dreimal so breit wie die Büroklammer sein.

2. Lege die Büroklammer auf die Folie.

3. Wickele die Büroklammer in die Folie ein. Rechts und links von der Klammer muss die Folie überstehen.

4. Schneide die überstehende Folie rechts und links der Büroklammer jeweils zweimal ein. Forme daraus auf jeder Seite drei Beinchen. Drücke dazu die Folie mit den Fingern vorsichtig zusammen.

5. Fülle Wasser in die Schüssel.

6. Vermute: Was passiert, wenn du dein Insekt vorsichtig auf das Wasser legst?

7. Tauche den Trinkhalm in die Flasche mit dem Spülmittel und streife ihn am Rand der Flasche ab.

8. Vermute noch einmal: Was passiert, wenn du den Trinkhalm mit dem Spülmittel einmal neben deinem Insekt in das Wasser tippst?

9. Tippe nun den Trinkhalm mehrmals in das Wasser.

Was beobachtest du?

Tipps:

Achte darauf, die Insekten vorsichtig auf das Wasser zu legen. Es dürfen keine Spülmittelreste in der Schüssel oder an den Insekten sein! Um das Experiment zu wiederholen, musst du frisches Wasser verwenden.

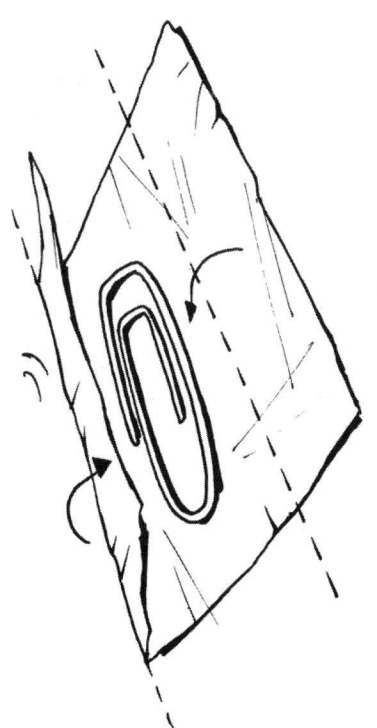

Ilona Gröning: Experimente für den Sachunterricht
© Persen Verlag

Lehrerseite „Wasserinsekten"

Hinweise für Lehrer:

Durchführung:

Bitte beachten Sie die Hinweise für Lehrer zum Kapitel „Wasser – Oberflächenspannung" auf Seite 60.

Hintergrundwissen:

Siehe Hintergrundwissen des Kapitels „Wasser – Oberflächenspannung" auf Seite 61.

Lösung des Arbeitsblattes:

1. Bild: „Insekten" schwimmen auf der Wasseroberfläche.
2. Bild: „Insekten" liegen auf dem Boden der Schüssel.

Wasser besteht aus vielen kleinen Teilchen, den Wassermolekülen. Die Wassermoleküle ziehen sich gegenseitig an. An der Wasseroberfläche ist der Zusammenhalt der Wasserteilchen ganz besonders groß.

Die „Haut" an der Oberfläche von Wasser nennt man Oberflächenspannung. Spülmittel zerstört die Oberflächenspannung.

(i) Erklärung:

Wasser besteht aus einzelnen Wasserteilchen. Man nennt sie Moleküle. Sie sind so klein, dass du sie mit bloßem Auge nicht sehen kannst. Diese Wassermoleküle ziehen sich wie kleine Magnete gegenseitig an. An der Wasseroberfläche, der Grenze zur Luft, ist dieser Zusammenhalt der Moleküle besonders groß. Es bildet sich eine Art „**Haut**" auf dem Wasser. Die Kraft, die diese „Haut" aus Wassermolekülen an der Oberfläche zusammenhält, heißt Oberflächenspannung. Die Oberflächenspannung lässt deine gebastelten „**Insekten**" auf dem Wasser **schwimmen**. Durch das erste Eintippen von **Spülmittel** wird die Oberflächenspannung beschädigt. Es ist, als reißt die Haut auseinander und das „Insekt" flitzt vor dem Riss davon. Tippst du noch öfter Spülmittel in das Wasser, flitzt das „Insekt" nicht mehr davon, sondern es wird plötzlich **versinken**. Je mehr Spülmittel im Wasser ist, umso niedriger ist die Oberflächenspannung. Ab einem gewissen Punkt wird sie so gering, dass sie das „Insekt" nicht mehr oben halten kann.

Folgende Wörterliste hilft dir beim Ausfüllen des Auswerteblattes:

Wasser, Haut, Insekten, schwimmen, Spülmittel, versinken

Ilona Gröning: Experimente für den Sachunterricht
© Persen Verlag

❶ Zeichne deine gebastelten „Insekten" in die Bilder.

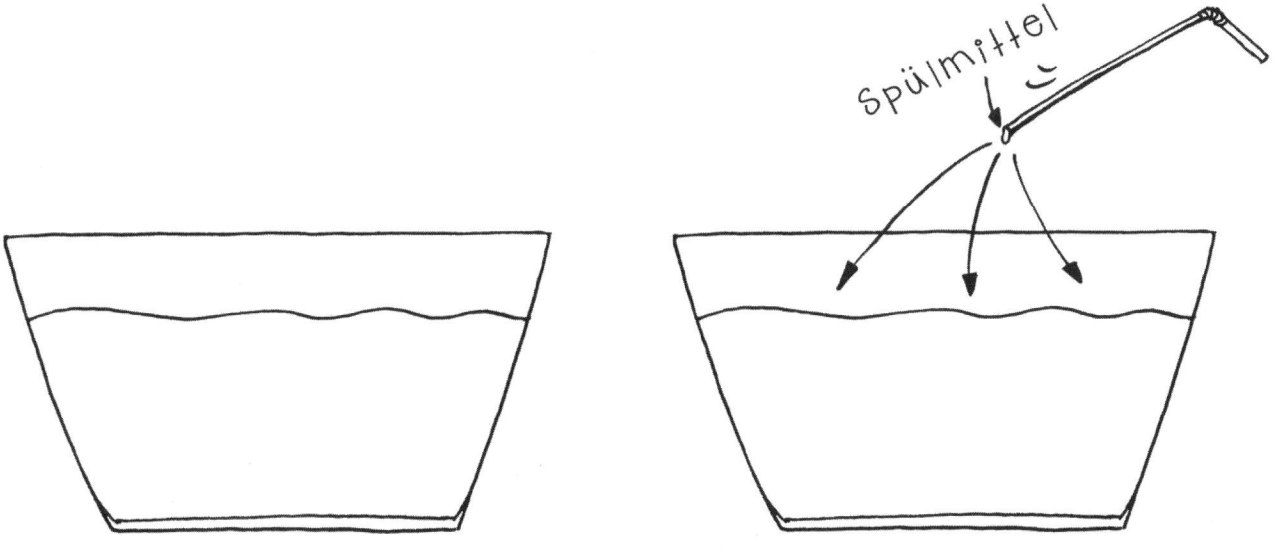

❷ Unterstreiche die richtigen Wörter in den Klammern.

Wasser besteht aus vielen kleinen (Teilchen / Stücken), den Wassermolekülen.

Die Wassermoleküle (ziehen / stoßen) sich gegenseitig an.

An der Wasseroberfläche ist der Zusammenhalt der Wasserteilchen ganz besonders (klein / groß).

Die „Haut" an der Oberfläche von Wasser nennt man (Oberflächenspannung / elektrische Spannung).

Spülmittel (verstärkt / zerstört) die Oberflächenspannung.

Magisches Sieb

☑ Das brauchst du:

1 Flasche
Messbecher
Trichter
Wasser
Küchensieb
Große Schüssel

〰 So geht es:

1. Fülle Wasser in die Flasche. Verwende dazu Trichter und Messbecher.
   Es ist egal, wie voll die Flasche ist.

2. Halte das Sieb über die Schüssel und gieße das Wasser aus der Flasche in das Sieb.
   Beobachte, was passiert.

3. Fülle die Flasche wieder mit Wasser.

4. Halte das Sieb nun so dicht vor die Öffnung der Flasche, dass die Maschen des Siebes direkt an der Öffnung anliegen.

5. Vermute: Was passiert, wenn du die Flasche jetzt mit der Öffnung nach unten über die Schüssel hältst?

⚡ *Achte darauf, dass beim Umdrehen das Sieb fest gegen die Öffnung der Flasche gehalten wird! Halte deine Hand nicht mit vor die Flaschenöffnung.*

◉ Was beobachtest du?

☺ Tipps:

Achte darauf, dass das Sieb nass ist und fest gegen die Flaschenöffnung gedrückt wird!
Sollte Wasser durch das Sieb fließen, bewege das Sieb etwas hin und her.

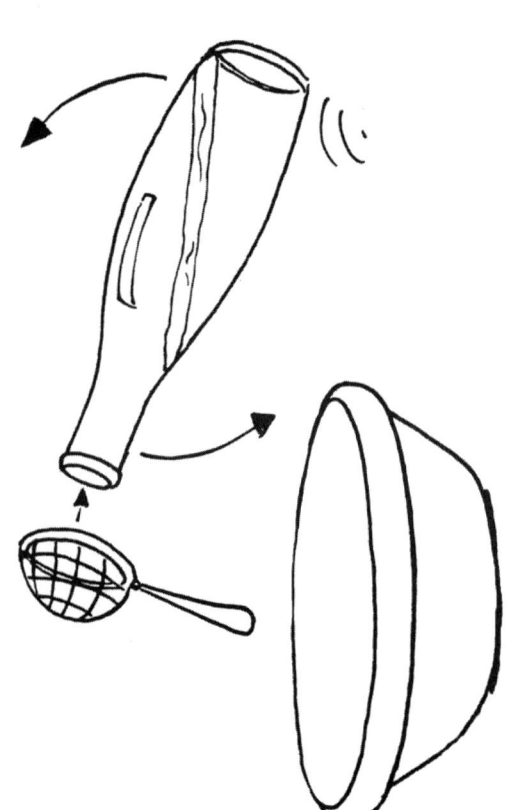

Ilona Gröning: Experimente für den Sachunterricht
© Persen Verlag

ⓘ Erklärung:

Wasser besteht aus einzelnen Wassermolekülen. Sie sind so klein, dass du sie mit bloßem Auge nicht sehen kannst. Diese Wassermoleküle ziehen sich gegenseitig an, wie kleine Magnete. An der Wasseroberfläche, der Grenze zur Luft, ist dieser Zusammenhalt der Moleküle besonders groß. Es bildet sich eine Art „Haut" auf dem Wasser. Die Kraft, die diese „Haut" aus Wassermolekülen zusammenhält, heißt Oberflächenspannung.

In jedem Loch des Siebes bildet das Wasser durch die Oberflächenspannung einen Tropfen. Jeder einzelne Wassertropfen wirkt wie ein dichter Verschluss. Allerdings müssen die Tropfen im Sieb mit dem Wasser in der **Flasche** zusammenhängen. Sonst können die einzelnen Wasserteilchen sich nicht mehr gegenseitig anziehen. Das heißt, das **Sieb** muss dicht an der Flaschenöffnung anliegen, um diese zu **verschließen**.

Hinweise für Lehrer:

Durchführung:

Bitte beachten Sie die Hinweise für Lehrer zum Kapitel „Wasser – Oberflächenspannung" auf Seite 60.

Hintergrundwissen:

Siehe Hintergrundwissen des Kapitels „Wasser – Oberflächenspannung" auf Seite 61.

Lösung des Arbeitsblattes:

❶

1. Bild: Die Flasche ist leer. Das gesamte Wasser ist in der Auffangschüssel.

2. Bild: In die Siebmaschen sind Wassertropfen eingezeichnet. Das Wasser bleibt in der Flasche.

❷

Wasser besteht aus vielen kleinen Teilchen. Diese Teilchen nennt man Moleküle. Diese Moleküle sind so klein, dass du sie mit dem bloßen Auge nicht sehen kannst. Die einzelnen Wasserteilchen wirken wie Mini-Magnete, sie ziehen sich gegenseitig an. An der Grenze zur Luft ist der Zusammenhalt der Wassermoleküle besonders groß. Wasser bildet immer Tropfen.

Folgende Wörterliste hilft dir beim Ausfüllen des Auswerteblattes:

 Flasche, Wasser, Sieb, verschließen

❶ Zeichne das Wasser in die Bilder.

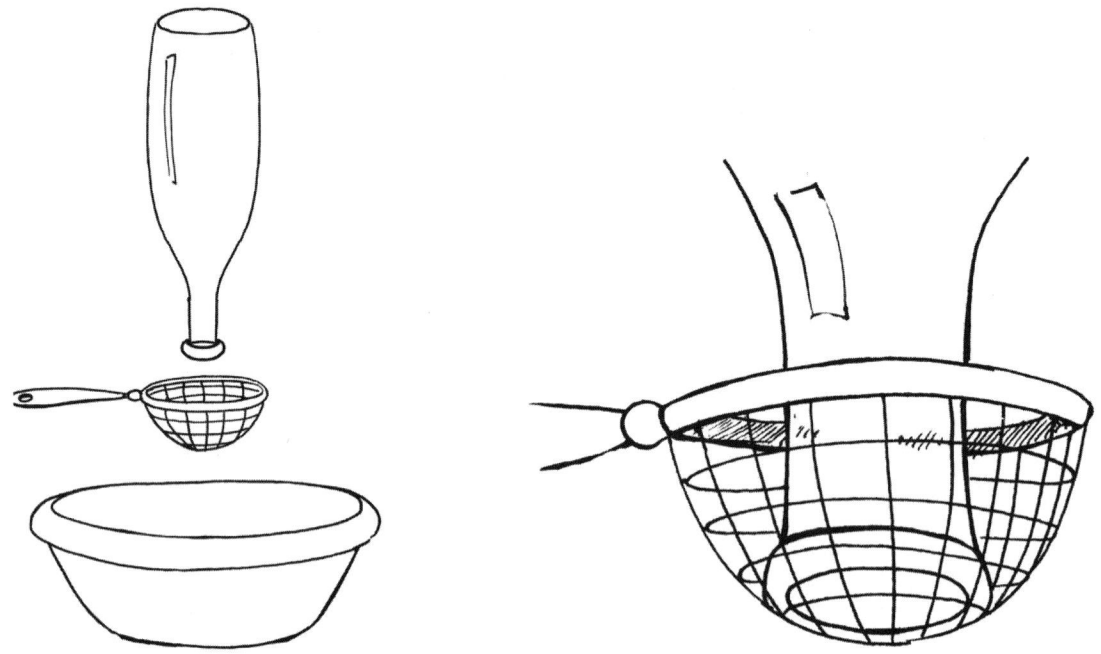

❷ Unterstreiche die richtigen Wörter in den Klammern.

Wasser besteht aus vielen kleinen Teilchen. Diese Teilchen nennt man

(Moleküle / Modelle).

Diese Moleküle sind so klein, dass du sie mit dem bloßen Auge (sehen /

nicht sehen) kannst.

Die einzelnen Wasserteilchen wirken wie Mini-Magnete, sie (ziehen sich

gegenseitig an / stoßen sich gegenseitig ab).

An der Grenze zur Luft ist der (Zusammenhalt / Abstoßung) der

Wassermoleküle besonders groß.

Wasser bildet immer (Kästchen / Tropfen).

Ilona Gröning: Experimente für den Sachunterricht
© Persen Verlag

Kartentrick

☑ **Das brauchst du:**

Glas

Spielkarte

1-Cent-Münzen

Wasser

 **So geht es:**

1. Lege eine Spielkarte auf das leere Glas. Sie sollte über den Rand des Glases überstehen, wie ein Sprungbrett im Schwimmbad.

2. Vermute: Was passiert, wenn du eine Münze auf das äußere Ende der Spielkarte legst?

3. Fülle nun Wasser in das Glas. Es sollte randvoll sein!

4. Lege die Spielkarte wieder auf das Glas.

   Achte darauf, dass ein Teil der Karte auf dem Wasser aufliegt! Der Rest darf weit über den Rand des Glases hinausragen.

5. Vermute noch einmal: Was passiert, wenn du jetzt eine Münze auf den äußeren Rand der Karte legst?

6. Lege zuerst eine und dann immer mehr Münzen auf den Rand der Karte.

✷ **Was beobachtest du?**

☺ **Tipp:**

Achte darauf, dass die Spielkarte innen im Glas auf der Wasseroberfläche aufliegt.

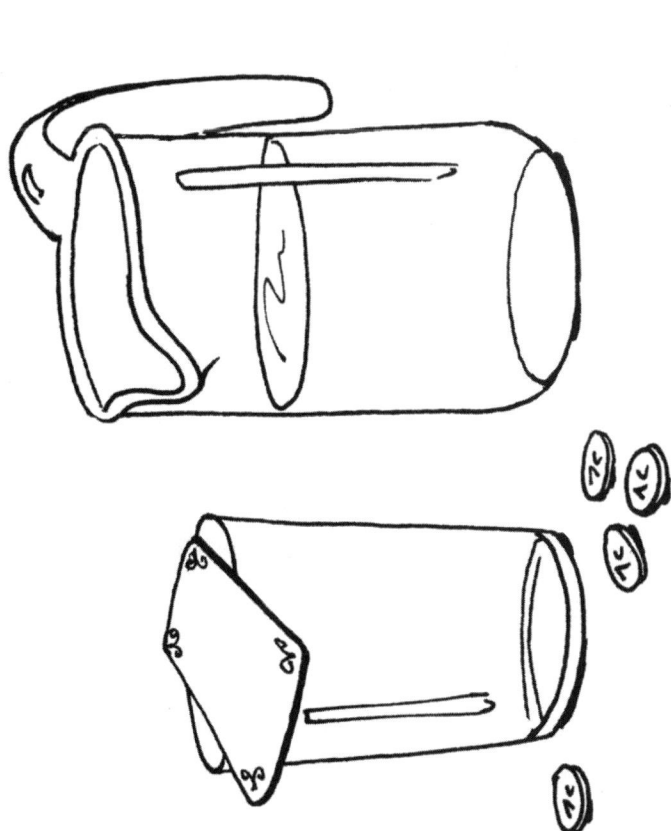

Ilona Gröning: Experimente für den Sachunterricht
© Persen Verlag

Lehrerseite „Kartentrick"

ⓘ Erklärung:

Legst du eine Münze auf den äußeren Rand deines **Spielkarten**-Sprungbrettes, **fallen** die Karte und die Münze vom **Glas** herunter. Das Gewicht der **Münze** ist zu groß, die Karte kann es nicht zusätzlich tragen.

Wasser besteht aus einzelnen Wassermolekülen. Sie sind so klein, dass du sie mit bloßem Auge nicht sehen kannst. Diese Wassermoleküle ziehen sich gegenseitig an wie kleine Magnete.

Die Spielkarte liegt auf der Wasseroberfläche auf und ist deshalb nass. Einige Wassermoleküle **haften** nun an dieser Karte. Die restlichen Wassermoleküle im Glas und die Wassermoleküle an der Karte ziehen sich immer noch gegenseitig an. Diese Kraft ist groß genug, um die Spielkarte festzuhalten. Sie fällt nicht vom Glas, auch wenn mehrere Münzen auf das überstehende Ende der Karte gelegt werden.

Folgende Wörterliste hilft dir beim Ausfüllen des Auswerteblattes:

💭 Spielkarte, Münze, fallen, Glas, Wasser, haften

Hinweise für Lehrer:

Durchführung:

Bitte beachten Sie die Hinweise für Lehrer zum Kapitel „Wasser – Oberflächenspannung" auf Seite 61.

Hintergrundwissen:

Siehe Hintergrundwissen des Kapitels „Wasser – Oberflächenspannung" auf Seite 61.

Lösung des Arbeitsblattes:

❶

Im linken Bild fällt die Karte herunter, im rechten Bild bleibt die Karte auf dem Glas liegen.

❷

Das Wasser besteht aus vielen kleinen Teilchen. Diese einzelnen Wasserteilchen nennt man Wassermoleküle. Alle Moleküle sind so klein, dass man sie nicht mit dem bloßen Auge sehen kann. Wassermoleküle sind wie kleine Magnete und ziehen sich gegenseitig an. An der Wasseroberfläche ist diese gegenseitige Anziehung ganz besonders groß. Wasser haftet auch an anderen Gegenständen und kann diese sogar festhalten.

Ilona Gröning: Experimente für den Sachunterricht
© Persen Verlag

❶ In welchem Versuch fällt die Karte nicht herunter, wenn Münzen auf den Rand gelegt werden? Kreuze an.

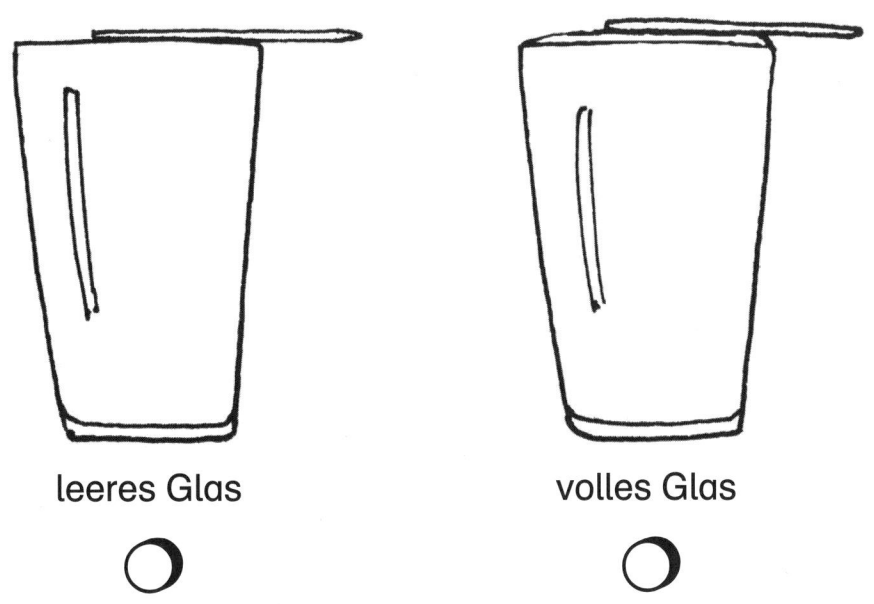

leeres Glas   volles Glas

◯   ◯

❷ Ergänze den Lückentext mit den unten angegebenen Wörtern.

Das Wasser besteht aus vielen _____ Teilchen. Diese einzelnen

Wasserteilchen nennt man Wassermoleküle. Alle Moleküle sind so klein,

dass man sie nicht mit dem bloßen _____ sehen kann.

Wassermoleküle sind wie kleine Magnete und _____ sich

gegenseitig an. An der Wasseroberfläche ist diese gegenseitige Anziehung

ganz besonders _____. Wasser haftet auch an anderen

Gegenständen und kann diese sogar _____.

Auge,   ziehen,   kleinen,   festhalten,   groß

Hinweise für Lehrer:

Durchführung:

Wasserinsekten

Das Experiment funktioniert mit Büroklammern in allen Größen. Selbst die größte Größe, welche ohne Alufolie sofort untergehen würde, schwimmt auf der Wasseroberfläche. Lässt man die gebastelten Insekten mit einer Kante voran auf das Wasser fallen, gehen sie direkt unter.

Um die Beinchen zu formen, wird die Folie einfach mit den Fingern etwas zusammengedrückt. Dazu sind auf jeder Seite zwei Einschnitte notwendig. Oben und unten wird die Folie einfach umgeschlagen. An den Seiten sollte die Folie nach dem Einschlagen jeweils in Büroklammerbreite überstehen.

Als Verschluss kann außer einem Sieb auch eine Nylonstrumpfhose oder ein Geschirrhandtuch verwendet werden. Selbst mit einer groben Küchenreibe wird die Flasche dicht verschlossen.

Es können auch mehrere Insekten gleichzeitig in einer Wasserschüssel „ausgesetzt" werden. Achten Sie darauf, dass zu Beginn immer alle Materialien und das Wasser frei von Spülmittel sind!

Lassen Sie die Schüler einen Trinkhalm verwenden, um das Spülmittel ins Wasser einzubringen. Der Trinkhalm wird in die Spülmittelflasche eingetaucht und am Rand abgestreift. Eine winzige Menge Spülmittel ist ausreichend: Der Halm sollte gerade eben benetzt sein. Wird der Halm mit dem ersten Tropfen Spülmittel in das Wasser getaucht, beschleunigen alle Insekten rasant von der Eintauchstelle weg, schwimmen aber weiter auf der Oberfläche. Anschließend muss der Halm mit dem Spülmittel noch einige Male in das Wasser eingetaucht werden, bis die Insekten schlagartig auf den Grund der Schüssel abstürzen. Der erste Tropfen Spülmittel zerstört bereits die Oberflächenspannung. Noch reicht der Auftrieb den Insekten zum weiteren Schwimmen. Noch mehr Spülmittel zerstört den Zusammenhalt der Wassermoleküle im Glas immer weiter und das Insekt geht schlagartig unter.

Die verwendeten Büroklammern müssen nach dem Experiment getrocknet werden, um weiter verwendet werden zu können, sonst fangen sie an zu rosten.

Magisches Sieb

Verwenden Sie eine einfache Flasche mit kleiner Öffnung. Der Messbecher und der Trichter werden zum Einfüllen des Wassers in die Flasche benötigt.

Die untergestellte Schüssel muss groß genug sein, um das gesamte Wasser aus der Flasche aufnehmen zu können, falls das Experiment nicht sofort funktionieren sollte.

Die größte Schwierigkeit für die Schüler besteht darin, beim Umdrehen das Sieb fest gegen die Öffnung der Flasche zu drücken, ohne dabei die Hand mit vor die Öffnung der Flasche zu halten.

Achten Sie darauf, dass Flasche, Wasser und vor allem das Sieb frei von Fett oder Spülmittel sind. Diese zerstören die Oberflächenspannung und das Experiment funktioniert nicht mehr.

Durch leichtes und kurzes Rütteln des Siebes an der Flaschenöffnung werden alle Löcher gleichmäßig mit Wasser gefüllt und die Flasche ist verschlossen. Ist zu Beginn noch Wasser aus der Flasche ausgelaufen, hört dies nun auf. Sie sollten dies zuvor selbst ausprobieren.

Sobald die Öffnungen des Siebes vollständig mit Wasser benetzt sind, wirkt das Wasser mittels der Oberflächenspannung als Verschluss für die Flasche. In jeder Öffnung bildet sich ein Tropfen. Zusätzlich drückt der Luftdruck gegen die Wasseroberfläche in der Flaschenöffnung. Der

Ilona Gröning: Experimente für den Sachunterricht
© Persen Verlag

es als eine Art Minimagnet verstehen. Die einzelnen Wassermoleküle ziehen sich gegenseitig an. Innerhalb des Wassers gleichen sich diese gegenseitigen Anziehungskräfte aus, da jedes Molekül gleichzeitig von seinem rechten, linken, unteren und oberen Nachbarn angezogen wird.

An der Grenzschicht zur Luft gibt es keinen oberen Nachbarn mehr, die Anziehungskräfte wirken einseitig. Alle äußeren Wassermoleküle werden stark nach innen gezogen und besitzen daher einen besonders großen Zusammenhalt. Es bildet sich eine Art „Haut", die Oberflächenspannung. Diese Eigenschaft lässt Wassertropfen immer eine runde Form einnehmen.

Gibt man Spülmittel in das Wasser, drängen sich die Spülmittelmoleküle zwischen die einzelnen Wassermoleküle und deren Zusammenhalt wird gestört. Die Oberflächenspannung wird durch Spülmittel oder andere Fremdstoffe zerstört. Sie kann auch rein mechanisch beschädigt werden, z. B. wenn bei dem Experiment die „Insekten" mit einer Kante in die Wasseroberfläche gestochen werden.

Adhäsion bedeutet „anhaften", das Aneinanderhaften von Stoffen infolge molekularer Anziehungskräfte (siehe auch Experiment: Kaltes Leuchten, Funktion von Haftklebern).

Liegt die Spielkarte auf der Wasseroberfläche auf, haften nun die äußeren Wassermoleküle an ihr: Die Anziehungskräfte der restlichen Wassermoleküle im Glas wirken immer noch auf diese Wasserteilchen und bewirken die Oberflächenspannung. Diese Kraft ist groß genug, um das Gewicht mehrerer Münzen zu halten.

Druck der Luft von außen ist deutlich größer als der Druck der in der Flasche befindlichen Wassersäule. Das Wasser in den Sieblöchern mit dem Wasser im Flaschenhals lässt keine Luftblasen durch das Wasser hindurch in die Flasche herein. Das Wasser kann nicht aus der Flasche auslaufen (siehe auch Experimente: Dosenmilch-Phänomen und Kopfstand).

Kartentrick

Achten Sie darauf, dass die Spielkarte auf dem leeren Glas weit genug über den Rand des Glases ragt. Liegt die Karte in der Mitte, fällt sie trotz des Gewichtes der Münze nicht herunter.

Damit die Spielkarte anschließend auf der Wasseroberfläche aufliegen kann, muss das Glas gestrichen voll mit Wasser gefüllt werden. Es empfiehlt sich, nur die zum Füllen nötige Wassermenge bereits abgemessen bereitzuhalten. Haben die Schüler eine größere Wassermenge zur Verfügung, läuft das Glas beim Befüllen meist über.

> Wird auch bei diesem Experiment die Oberflächenspannung des Wassers zerstört, fallen Karte und Münzen schlagartig herunter. Hierzu tippt man neben der Karte etwas Spülmittel in das Wasser.

Hintergrundwissen:
Wasser und Oberflächenspannung, Adhäsion

Wasser ist ein Molekül, welches aus den Elementen Wasserstoff und Sauerstoff besteht. Ein Atom Sauerstoff verbindet sich mit 2 Atomen Wasserstoff, chemische Schreibweise: H_2O. Aufgrund der unterschiedlichen Größe dieser Elemente gibt es in jedem der einzelnen Wassermoleküle unterschiedliche Ladungsschwerpunkte. Das Sauerstoffatom ist der negativere Pol und auf der anderen Seite sind die Wasserstoffatome der positivere Pol. Dies nennt man Dipolmoment und man kann

Lücken im Wasser 1

☑ **Das brauchst du:**

2 Gläser

Kreppklebeband

Wasser (warm und kalt)

Messbecher

Waage

Stift

Löffel

Salz (Kochsalz)

Arbeitsblatt

🖐 So geht es:

1. Klebe jeweils einen senkrechten Streifen Klebeband auf zwei Gläser.

2. Benutze den Messbecher und fülle in jedes Glas 200 ml Wasser.

   ⚡ *Wichtig: Gieße in ein Glas kaltes und in das andere warmes Wasser!*

   Markiere jeweils die Höhe des Wasserstandes mit einem Strich auf dem Klebeband.

3. Wiege beide Gläser und notiere das Gewicht auf dem Arbeitsblatt.

4. Vermute: Was passiert, wenn du in jedes der Gläser einen Löffel Salz gibst?

5. Beobachte die Höhe des Wasserstandes, solange das Salz noch nicht aufgelöst ist. Nun rühre um, bis alles Salz aufgelöst ist. Was ist mit der Wasserhöhe passiert?

6. Vermute noch einmal: Löst sich in kaltem und warmem Wasser die gleiche Menge Salz auf?

7. Überprüfe diese Vermutung. Rühre so lange Löffel für Löffel Salz in das kalte und das warme Wasser, bis sich nichts mehr auflöst.

8. Wiege die Gläser erneut und notiere wieder das Gewicht.

➋ Was beobachtest du?

☺ Tipps:

Um die Höhe des Wasserstandes zu beobachten, musst du den Löffel wieder aus dem Glas nehmen!

Rühre eine Weile, das Auflösen von Salz dauert vor allem bei kaltem Wasser etwas länger.

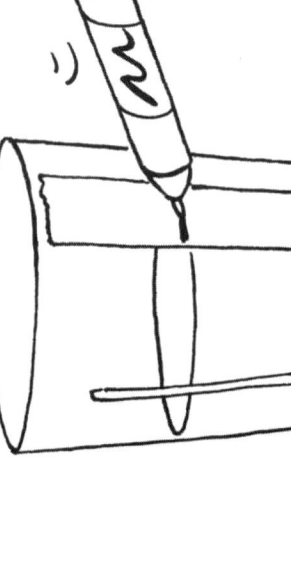

Ilona Gröning: Experimente für den Sachunterricht
© Persen Verlag

(i) Erklärung:

Sehr kleine Bausteine, aus denen alles auf der Welt besteht, sind die „Atome". Verbinden sich Atome miteinander, entstehen Moleküle. Sie sind immer noch so klein, dass du sie nicht mit bloßem Auge sehen kannst.

Gibst du einen Löffel oder noch nicht aufgelöstes Salz in das Glas mit **Wasser**, steigt die Wasserhöhe. Wird das Salz **aufgelöst**, sinkt die Wasserhöhe wieder. Zwischen den Wassermolekülen ist noch Platz. In diese „Lücken" passt das aufgelöste **Salz**.

Warum löst sich in warmem Wasser mehr Salz auf? Ist das Wasser **warm**, bewegen sich die Wassermoleküle rascher und entfernen sich weiter voneinander. Sie benötigen mehr Platz, das Wasser dehnt sich aus. Die „Lücken" werden größer und mehr Salz kann aufgelöst werden.

Folgende Wörterliste hilft dir beim Ausfüllen des Auswerteblattes:

> Wasser, Salz, warm, auflösen

Hinweise für Lehrer:

Durchführung:

Bitte beachten Sie die Hinweise für Lehrer zum Kapitel „Wasser / Stoffumwandlung" auf Seite 80.

Hintergrundwissen:

Siehe Hintergrundwissen des Kapitels „Wasser/Stoffumwandlung" auf Seite 82.

Lösung des Arbeitsblattes:

❶

Achten Sie darauf, dass die Schüler die Wassermengen von Glas 1 und Glas 2 in etwa gleich abmessen.

Das Ablesen der Waage muss jeweils den höheren Wert für das Glas mit Wasser und Salz ergeben.

❷

In welchem Wasserglas löste sich weniger Salz auf?

Die berechnete Menge des gelösten Salzes sollte für das Glas mit dem kalten Wasser deutlich unterhalb des Wertes für das Glas mit warmem Wasser liegen.

❶ Notiere das Gewicht.

Glas 1 mit kaltem Wasser	Gewicht ohne Salz:	Gewicht mit Salz:
Wassermenge:		

Glas 2 mit warmen Wasser	Gewicht ohne Salz:	Gewicht mit Salz:
Wassermenge:		

❷ Berechne die Menge des gelösten Salzes und beantworte die Frage.

So musst du rechnen:

	Gewicht mit Salz
Minus	Gewicht ohne Salz
=	Menge des gelösten Salzes

Glas 1 mit kaltem Wasser:

Minus				
=				

Glas 2 mit warmem Wasser:

Minus				
=				

In welchem Wasserglas löste sich weniger Salz auf?

64

Ilona Gröning: Experimente für den Sachunterricht
© Persen Verlag

Lücken im Wasser 2

☑ **Das brauchst du:**

Kochsalzwasser

Flache Schalen

Klebeband oder Eddingstift

Tablett

✋ **So geht es:**

1. Gieße das Salzwasser in eine flache Schale. Markiere die Füllhöhe mit einem Strich oder etwas Klebeband.

2. Stelle die Schale auf das Tablett.

3. Stelle das ganze Tablett an eine ruhige Stelle in deiner Klasse. Es darf nicht auf der Heizung oder an einem offenen Fenster stehen!

4. Vermute: Was passiert, wenn du das Salzwasser über mehrere Tage stehen lässt?

⚡ *Achte darauf, dass niemand in dieser Zeit dein Experiment stört.*

◉ **Was beobachtest du?**

☺ **Tipp:**
Achte auf die markierte Füllhöhe des Salzwassers!

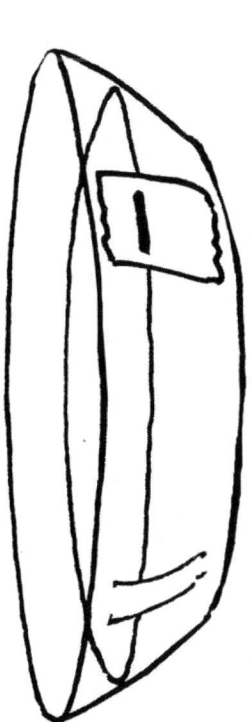

Hintergrundwissen:

Siehe Hintergrundwissen des Kapitels „Wasser/Stoffumwandlung" auf Seite 82.

Lösung des Arbeitsblattes:

❶

Erstes Schälchen: nur Salzwasser, noch keine Salzkristalle;

Zweites Schälchen: Der Füllstand hat sich nur geringfügig verringert. Auf der Wasseroberfläche schwimmen die ersten noch sehr kleinen Salzkristalle, in Form von flachen Vierecken;

Drittes Schälchen: Der Füllstand hat sich schon offensichtlich verringert.

Auf der Wasseroberfläche schwimmen schon größere Vierecke, langsam wird die Würfelform erkennbar. Größere und dickere Kristalle sind auf den Boden gesunken. Am Rand des Schälchens bildet sich langsam eine Salzkruste;

Letztes Schälchen: Kein Wasser ist mehr im Schälchen.

Die Salzkruste befindet sich im ganzen Schälchen auch oberhalb des ursprünglichen Füllstandes. Deutlich erkennbar sind einige sehr schön ausgeprägte würfelförmige Kristalle in verschiedenen Größen.

❷

Wassermoleküle bewegen sich durch Sonnenwärme stärker.

Wenn das Wasser aus den Schälchen verdunstet, dann gelangen nach und nach immer mehr Wassermoleküle in die Luft.

In Wasser aufgelöstes Kochsalz kann nicht mit dem Wasser verdunsten. Verschwindet das Wasser aus den Schälchen, wird das vorher darin aufgelöste Salz wieder fest.

Kochsalz bildet Kristalle, die geformt sind wie Würfel.

ⓘ Erklärung:

Wasser besteht aus einzelnen Wasserteilchen. Man nennt sie Moleküle. Die einzelnen Wassermoleküle sind nicht fest an einen Ort oder aneinander gebunden. Sie sind ständig in Bewegung und wechseln ihre Nachbarn. Darum ist Wasser flüssig und kann jede Form annehmen.

Durch die Sonnenwärme bewegen sich die Wassermoleküle stärker. Nach und nach nimmt die Luft einzelne Wassermoleküle von der Wasseroberfläche auf. Das Wasser **verdunstet**. Allerdings nur das **Wasser**. Das **Salz** ist zu schwer und bleibt zurück. Es wird wieder fest. Man nennt das: Es fällt aus.

Unser zum Essen benutztes Salz bildet Kristalle, die geformt sind wie ein Würfel mit sechs Seiten.

Die ersten **Kristalle** siehst du an der Wasseroberfläche wachsen. Am Rand der Schale bleiben zwischen den einzelnen Salzkristallen ganz feine Spalten. Durch diese dünnen Gänge „saugt" sich das Salzwasser nach oben. Oben verdunstet wieder nur das Wasser und die Salzschicht wächst am Rand der Schale hoch, manchmal bis auf das Tablett.

Folgende Wörterliste hilft dir beim Ausfüllen des Auswerteblattes:

> Salz, Wasser, verdunstet, Kristalle

Hinweise für Lehrer:

Durchführung:

Bitte beachten Sie die Hinweise für Lehrer zum Kapitel „Wasser / Stoffumwandlung" auf Seite 80.

Ilona Gröning: Experimente für den Sachunterricht
© Persen Verlag

❶ Male in den Bildern das Entstehen der Salzkristalle ein!

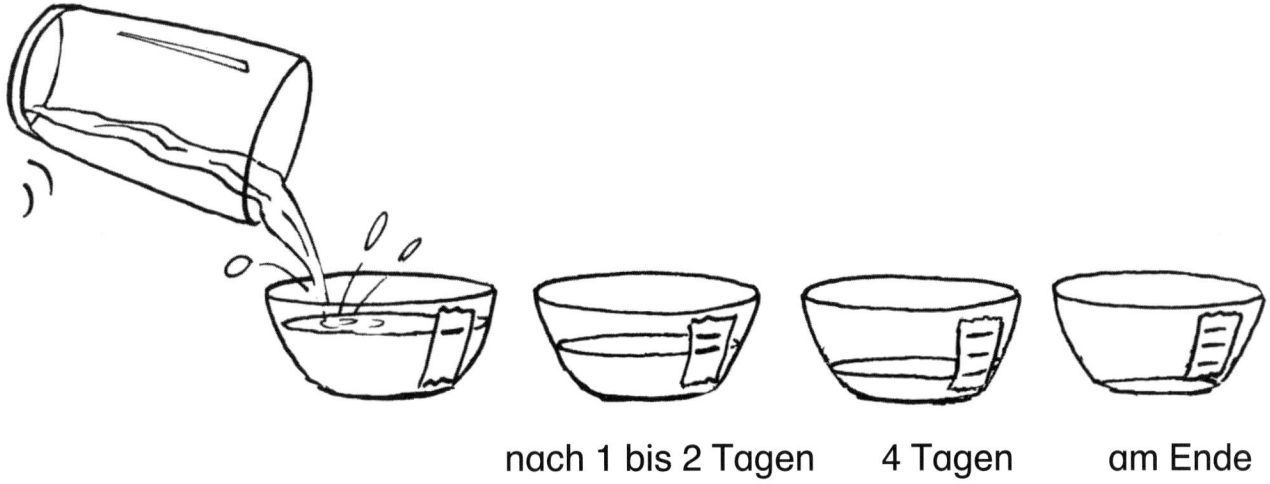

nach 1 bis 2 Tagen   4 Tagen   am Ende

❷ Unterstreiche die richtigen Wörter in den Klammern.

Wassermoleküle bewegen sich durch Sonnenwärme (schwächer / stärker).

Wenn das Wasser aus den Schälchen verdunstet, dann gelangen nach und nach immer (weniger / mehr) Wassermoleküle in die Luft.

In Wasser aufgelöstes Kochsalz kann (auch / nicht) mit dem Wasser verdunsten.

Verschwindet das Wasser aus den Schälchen, wird das vorher darin aufgelöste Salz wieder (fest / flüssig).

Kochsalz bildet Kristalle, die geformt sind wie (Kugeln / Würfel).

Salzwasser und Süßwasser

☑ **Das brauchst du:**

Glas

Warmes Wasser

Löffel

Salz (Kochsalz)

1 Messzylinder oder Messbecher

Waage

Arbeitsblatt

✋ **So geht es:**

1. Fülle warmes Wasser in ein Glas. Löse so lange Salz darin, bis etwas Salz am Boden übrig bleibt. Lasse das Glas stehen, bis die Lösung klar ist (ca. 15 Minuten).

2. Vermute: Welche Unterschiede gibt es zwischen dem Salzwasser und Leitungswasser?

3. Um das Gewicht von Salzwasser und Leitungswasser miteinander vergleichen zu können, musst du es wiegen. Benutze hierzu den Messzylinder.

4. Wiege zuerst den leeren Messzylinder und notiere das Gewicht auf dem Arbeitsblatt.

5. Fülle Leitungswasser in den Messzylinder. Die Menge darfst du aussuchen, es müssen aber mindestens 50 ml sein. Wiege den Messzylinder mit Wasser erneut. Schreibe das Gewicht und die gewählte Wassermenge auf.

6. Gieße das Leitungswasser wieder aus.

7. Fülle nun die genau gleiche Menge von deinem Salzwasser in den Messzylinder und wiege wieder. Schreibe auch dieses Gewicht auf.

◉ **Was beobachtest du?**

☺ **Tipps:**

Achte darauf, genau gleich große Wassermengen abzuwiegen. Dein Salzwasser sollte beim Wiegen nicht mehr warm sein. Damit keine ungelösten Salzkristalle mit in den Messzylinder kommen, kannst du das Salzwasser zuvor vorsichtig in ein frisches Glas umfüllen.

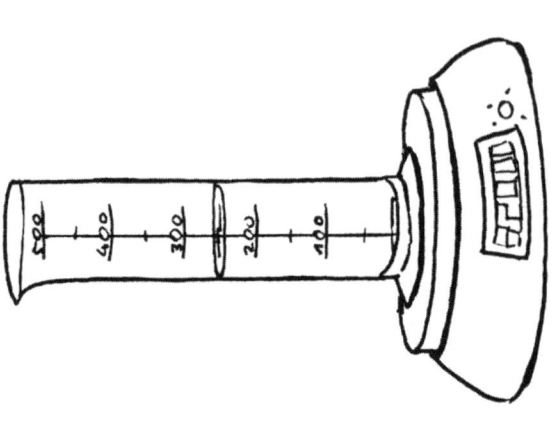

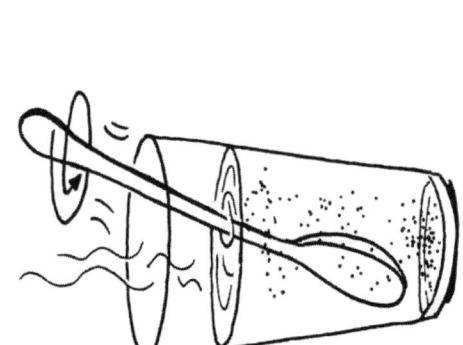

Ilona Gröning: Experimente für den Sachunterricht
© Persen Verlag

Lehrerseite „Salzwasser und Süßwasser"

ⓘ Erklärung:

Meerwasser enthält sehr viele gelöste Salze, darum nennt man es Salzwasser. Genau wie dein Salzwasser.

Das Wasser in Seen, Flüssen und unser Trinkwasser nennt man Süßwasser. Probiere etwas von dem **Leitungswasser**, es schmeckt weder salzig noch süß.

Obwohl es den gleichen Raum einnimmt wie Süßwasser, ist eine gleiche Menge **Salzwasser** viel **schwerer.**

Das Salzwasser enthält nicht nur die gleiche Anzahl von Wasserteilchen, sondern auch das ganze gelöste Salz. Es befinden sich mehr Teilchen im gleichen Raum. Dies nennt man: „Die Dichte ist höher."

Folgende Wörterliste hilft dir beim Ausfüllen des Auswerteblattes:

> Salzwasser, Leitungswasser, schwerer

Hinweise für Lehrer:

Durchführung:

Bitte beachten Sie die Hinweise für Lehrer zum Kapitel „Wasser/Stoffumwandlung" auf Seite 80.

Hintergrundwissen:

Siehe Hintergrundwissen des Kapitels „Wasser/Stoffumwandlung" auf Seite 82.

Lösung des Arbeitsblattes:

❶

Die Dichte von Wasser ist ∼1. Darum sollten bei Leitungswasser Menge und Gewicht in etwa den gleichen Zahlenwert ergeben.

Man sollte darauf achten, dass beide Wassermengen ungefähr gleich groß sind. Dann muss das Gewicht für Salzwasser deutlich größer sein.

❷

Was ist schwerer, eine gleiche Menge Süßwasser oder Salzwasser?

Salzwasser

Erkläre, warum es schwerer ist .

Mögliche Antworten:

Es befinden sich mehr Teilchen in der gleichen Menge Wasser.

Im Salzwasser sind zusätzlich zu den Wasserteilchen die gelösten Salzkörner.

❶ Notiere, wie viel Wasser du gewogen hast und das Gewicht.

Messzylinder mit	Wassermenge	Gewicht
Leitungswasser		
Salzwasser		

❷ Beantworte die folgende Frage.

Was ist schwerer, eine gleiche Menge Süßwasser oder Salzwasser?

Erkläre, warum es schwerer ist.

Ilona Gröning: Experimente für den Sachunterricht
© Persen Verlag

Unentschlossener Fisch

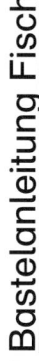

☑ Das brauchst du:

2 Gläser

Salz (Kochsalz)

Warmes Wasser

Zusätzlich noch ein großes Glas

Löffel

Kartoffel

Messer

Stabile Plastikfolie

Schere

Trichter und Schlauch

Tinte (2 Farben)

✋ Bastelanleitung Fisch:

1. Schneide eine etwa 1 cm dicke Scheibe aus der Kartoffel.

2. Aus der Plastikfolie schneidest du einen Halbkreis und ein Dreieck aus.

3. Schneide 2 Schlitze in die Kartoffelscheibe. Einen in der Mitte und einen in das Ende.

4. Der Halbkreis wird als Bauch- und Rückenflosse durch den Schlitz in der Mitte gesteckt. Das Dreieck wird zur Schwanzflosse.

✋ So geht es:

1. Fülle warmes Wasser in ein Glas. Löse so lange Salz darin, bis Salz am Boden übrig bleibt. Lasse das Glas stehen, bis die Lösung klar ist (ca. 15 Minuten).

2. Fülle Leitungswasser in das zweite Glas.

3. Vermute: Was macht der Fisch, wenn du ihn entweder in das Glas mit Salzwasser oder in das Glas mit Leitungswasser legst?

4. Überprüfe nun diese Vermutung.

5. Vermute noch einmal: Wie bekommst du den Fisch dazu, mitten im Wasser zu schweben?

👁 Was beobachtest du?

☺ Tipps:
Überlege zusammen mit deinem Lehrer.
Du hast auch noch einen Trichter und einen Schlauch, um die Aufgabe zu lösen.

Ilona Gröning: Experimente für den Sachunterricht
© Persen Verlag

Lehrerseite „Unentschlossener Fisch"

ⓘ Erklärung:

Meerwasser enthält sehr viele gelöste Salze, darum nennt man es Salzwasser. Es schmeckt salzig.

Wasser wie das **Leitungswasser**, das nicht salzig schmeckt, nennt man Süßwasser. Obwohl Salzwasser genauso aussieht wie Süßwasser, ist die gleiche Menge **Salzwasser** viel schwerer. Es enthält nicht nur Wasserteilchen, sondern auch noch das ganze gelöste Salz.

Dein Kartoffelfisch ist zu schwer, er kann im Süßwasser nicht schwimmen und geht unter. Das Salzwasser ist aber noch schwerer als der Fisch und dort schwimmt er.

Gießt man Salz- und Süßwasser in ein Glas, ohne dass es sich mischt, dann sinkt das salzige Wasser immer nach unten, da seine Dichte (das Gewicht) größer ist.

Der **Kartoffelfisch sinkt** durch die Süßwasserschicht nach unten bis zur Salzwasserschicht, auf welcher er dann **schwimmt**.

Folgende Wörterliste hilft dir beim Ausfüllen des Auswerteblattes:

> Salzwasser, Leitungswasser, Kartoffelfisch, sinken, schwimmen

Hinweise für Lehrer:

Durchführung:

Salzwasser und das Leitungswasser mit der Tinte in unterschiedlichen Farben einfärben. Beides in ein gro-

ßes und hohes Glas füllen. Damit sich die beiden Wassersorten nicht mischen, zuerst das leichte Leitungswasser, dann durch den Trichter und den Schlauch das Salzwasser, wie in Abbildung gezeigt, hineingießen. Den Schlauch bis zum Boden des Glases eintauchen.

Bitte beachten Sie auch die Hinweise für Lehrer zum Kapitel „Wasser/ Stoffumwandlung" auf Seite 80.

Hintergrundwissen:

Siehe Hintergrundwissen des Kapitels „Wasser/Stoffumwandlung" auf Seite 82.

Lösung des Arbeitsblattes:

❶

Bild 1: Der Fisch schwimmt auf der der Wasseroberfläche.
Bild 2: Der Fisch liegt auf dem Boden.

❷

Süßwasser

Grenzschicht

Salzwasser

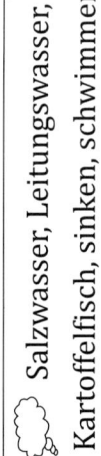

Ilona Gröning: Experimente für den Sachunterricht
© Persen Verlag

❶ Male deinen Kartoffelfisch in die Bilder!

Salzwasser   Süßwasser

❷ Beschrifte die Grafik mit den richtigen Wörtern!

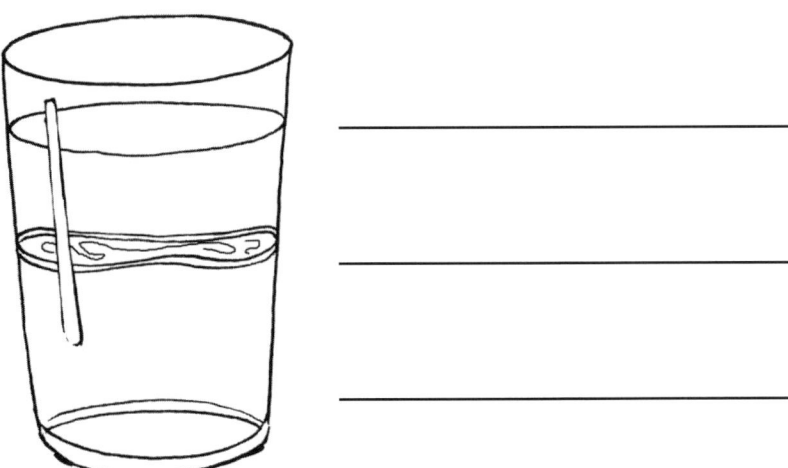

_____

_____

_____

| Salzwasser   Grenzschicht   Süßwasser |

Kristalle züchten

☑ Das brauchst du:

2 Gläser

Heißes Wasser

Löffel

Spezialsalz für Kristalle

Zum Einfärben: Uranin/Lebensmittelfarbe/Tinte

Zwirn oder Bindfaden

Bleistift

So geht es:

1. Fülle heißes Wasser in ein Glas. Rühre das Spezial-salz dort Löffel für Löffel hinein. Nach jedem Löffel Salz musst du wirklich gut und lange umrühren.

2. Gebe so lange Salz dazu, bis sich nach 3 Minuten trotz des Umrührens nichts mehr auflöst.

3. Verwendest du farbloses Spezialsalz, dann kannst du das Salzwasser mit etwas Lebensmittelfarbe oder Tinte einfärben.

4. Gieße die noch warme Lösung mithilfe eines Erwachsenen in ein sauberes Becherglas und lasse sie abkühlen.

5. Binde das eine Ende eines Fadens an den Bleistift. Lege ihn quer über das Glas, sodass das andere Ende des Fadens in der Mitte hängt und tief in die Salzlösung eintaucht.

6. Stelle das Glas an eine ruhige Stelle in deiner Klasse.

⚡ *Stelle es nicht auf die Heizung oder an ein offenes Fenster!*

7. Vermute: Was passiert, wenn du das Spezialsalzwasser über mehrere Tage beobachtest?

⚡ *Achte darauf, dass niemand dein Experiment stört!*

◉ Was beobachtest du?

☺ Tipps:

Passiert nichts, hast du nicht gründlich umgerührt und es ist nicht genug Spezialsalz in der Lösung. Nimm den Faden heraus und erwärme alles vorsichtig, am besten im Wasserbad, und rühre noch einen Teelöffel Spezialsalz hinein. Lasse die Lösung wieder abkühlen und hänge den Faden wieder in die Mitte des Glases.

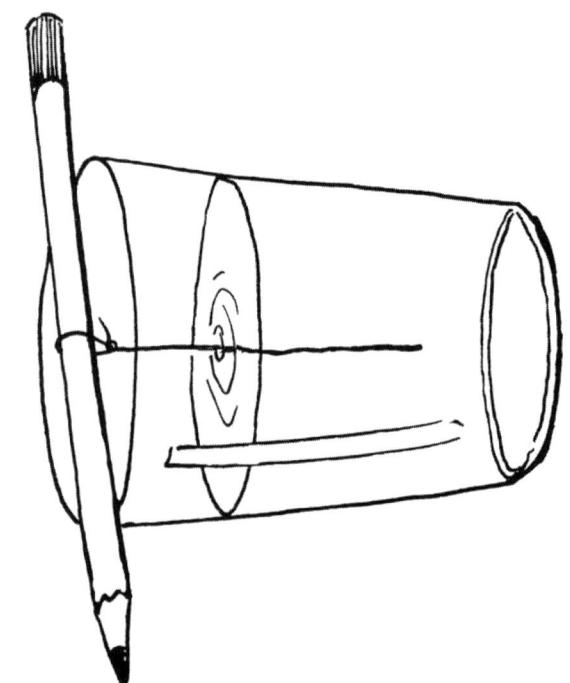

Ilona Gröning: Experimente für den Sachunterricht
© Persen Verlag

ⓘ Erklärung:

Sehr kleine Bausteine, aus denen alles auf der Welt besteht, sind die „Atome". Verbinden sich Atome miteinander, entstehen Moleküle. Sie sind immer noch so klein, dass du sie nicht mit bloßem Auge sehen kannst. Wasser besteht aus vielen einzelnen Wassermolekülen. Diese sind nicht fest an einen Ort oder aneinander gebunden. Sie sind ständig in Bewegung und wechseln ihre Nachbarn. Zwischen den Molekülen ist Platz: In diese „Lücken" passt das Salz. Beim Erwärmen bewegen sich die Wassermoleküle immer stärker und entfernen sich weiter voneinander. Das **Wasser** dehnt sich aus und die „Lücken" werden größer; mehr **Salz** kann **gelöst** werden. Kühlt die Salzlösung wieder ab, ziehen sich die „Lücken" zusammen. Wartet man einige Zeit **verdunstet** das Wasser. Es kommt der Punkt, an dem das Platz nicht mehr für das gelöste Salz ausreicht und das Salz kommt „wieder aus den Lücken" zurück. Es fällt aus und ist wieder als Feststoff sichtbar. Verwendet man einige spezielle Salze, so haben diese die Eigenschaft, dass die Salzatome gemeinsam ausfallen. Das ist so, als ob man nur eine Tür von ganz vielen öffnet und alle nur durch diese eine Tür wollen, obwohl genügend andere Türen zur Verfügung stehen. Dann bilden sich nicht viele einzelne **Kristalle** sondern wenige sehr große Kristalle. Man nennt sie „Einkristalle".

Folgende Wörterliste hilft dir beim Ausfüllen des Auswerteblattes:

☁ Wasser, Salz, gelöst, verdunstet, Kristalle

Hinweise für Lehrer:

Durchführung:

Sicherheitshinweis: Bei den Salzen handelt es sich um besondere Salze, die nicht zum Verzehr gedacht sind! Prinzipiell sollten die Restlösungen nicht im Abfluss entsorgt werden. Die Lösungen können an einem sauberen Ort so lange stehen gelassen werden, bis das ganze Wasser verdunstet ist. Die Salze sind dann zwar leicht mit Kalk oder Farbstoffen verunreinigt, können aber durchaus wiederverwendet werden.

Bitte beachten Sie die Hinweise für Lehrer zum Kapitel „Wasser/Stoffumwandlung" auf Seite 81.

Hintergrundwissen:

Siehe Hintergrundwissen des Kapitels „Wasser/Stoffumwandlung" Seite 82.

Lösung des Arbeitsblattes:

Mögliche Lösung:

1. Wasser wird erwärmt und Spezialsalz wird im heißen Wasser aufgelöst.

2. Lange und gründlich umrühren. Salzlösung wird ohne Bodensatz in ein sauberes Glas umgefüllt, abkühlen lassen auf Zimmertemperatur.

3. Faden wird an Stift geknotet.

4. Faden wird in die Salzlösung gehängt, Kristalle wachsen im Glas und am Faden.

Ilona Gröning: Experimente für den Sachunterricht
© Persen Verlag

❶ Beschreibe das Experiment mit eigenen Worten! Die Bilder helfen dir bei der Reihenfolge.

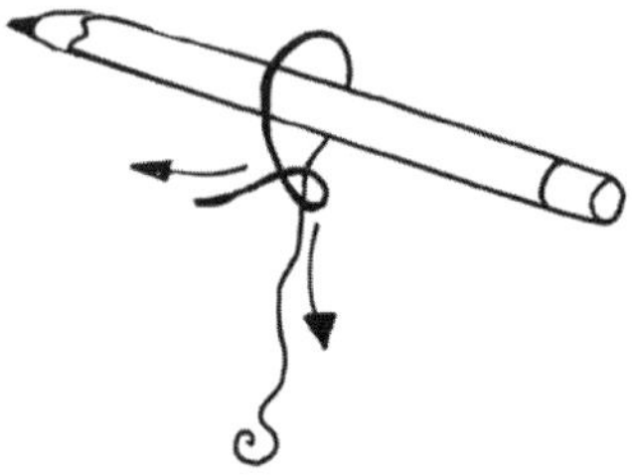

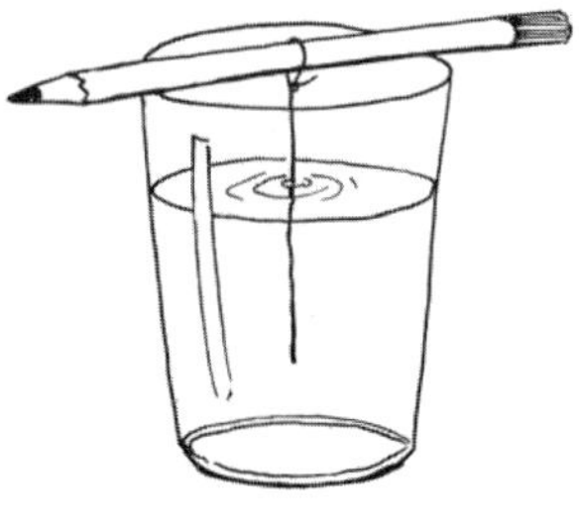

Ilona Gröning: Experimente für den Sachunterricht
© Persen Verlag

Tropfsteine

☑ **Das brauchst du:**

2 mittelgroße Bechergläser

Warmes Wasser

Suppenlöffel

Soda

Uranin oder Tinte

Tablett

Schale (max. halb so hoch wie die Bechergläser)

Wolle

2 Büroklammern

Schere

Pinzette oder Einweghandschuhe

🖐 So geht es:

1. Fülle warmes Wasser in die beiden Bechergläser. Rühre vorsichtig mehrere Löffel Soda hinein. Ist der Zeitpunkt erreicht, an dem sich nichts mehr löst, solltest du noch einen Löffel zugeben.

2. Färbe das Ganze ein. Benutze dazu Tinte oder Uranin.

3. Stelle die beiden Gläser auf das Tablett und die Schale in die Mitte.

4. Schneide drei ungefähr gleich lange Stücke von der Wolle ab. Knote die drei Fäden in der Mitte zusammen und befestige an den Enden jeweils eine Büroklammer als Gewicht.

5. Ziehe nun die Handschuhe an oder benutze die Pinzette. Tauche den Wollfaden in ein Glas, sodass die ganze Wolle nass wird. Ziehe nun ein Ende der Wolle hinüber zu dem anderen Glas und hänge dieses Ende hinein.
   Die Wolle sollte wie eine Hängebrücke über der Schale von Becherglas zu Becherglas hängen. Die Enden müssen aber noch in die Flüssigkeit in den Bechergläsern eintauchen.

6. Vermute: Was passiert, wenn du das Tablett an einen sicheren Ort stellst und es mehrere Tage beobachtest?

⚡ *Achte darauf, dass niemand in dieser Zeit dein Experiment anfassen kann!*

👁 Was beobachtest du?

☺ Tipps:

Sollte am ersten Tag zu viel Wasser in die Schale tropfen, gieße es einfach zurück in die Bechergläser.
Rühre noch einen zusätzlichen Löffel Soda in jedes Becherglas. Die Schale in der Mitte sollte nicht volllaufen.

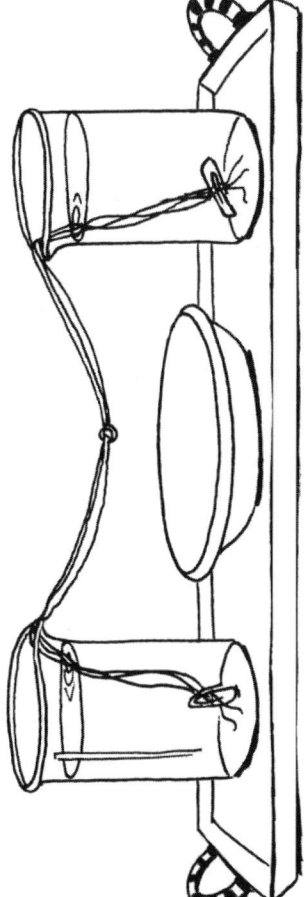

(i) Erklärung:

Das Wasser **fließt** langsam von beiden Bechergläsern aus an der **Wolle** entlang und nimmt dabei das gelöste **Soda** mit. Das **Wasser** tropft an der tiefsten Stelle des Wollfadens nach unten in die Schale. Nicht nur aus den Gläsern, auch beim Tropfen **verdunstet** das Wasser und die Sodakristalle bleiben zurück. Es wächst, wie in der Natur, eine Art **Tropfstein** am Wollfaden und auf dem Boden der Schale.

Folgende Wörterliste hilft dir beim Ausfüllen des Auswerteblattes:

> Wasser, Soda, fließt, Wolle, verdunstet, Tropfstein

Hinweise für Lehrer:

Durchführung:

➤ Sicherheitshinweis: Soda oder die Sodalösung sollte man nicht mit bloßen Händen anfassen. Ähnlich wie bei Waschpulver kann die Lösung die Haut reizen und sie wirkt stark entfettend. Der Kontakt mit Augen oder Schleimhäuten ist zu vermeiden. Sodastaub sollte nicht eingeatmet werden!

Bitte beachten Sie die Hinweise für Lehrer zum Kapitel „Wasser/Stoffumwandlung" auf Seite 81.

Hintergrundwissen:

Siehe Hintergrundwissen des Kapitels „Wasser/Stoffumwandlung" auf Seite 82.

Lösung des Arbeitsblattes:

❶

In beiden Gläsern ist das Soda wieder auskristallisiert. Das Soda ist über die Ränder nach oben verteilt.

Den Wollfaden entlang gibt es eine dünne Sodakruste.

An der tiefsten Stelle der Wolle hängt der „Tropfstein" nach unten.

In der Schale ist ebenfalls Soda.

❷

Soda und andere Salze lösen sich in Wasser auf.

Fließt das Wasser, nimmt es die darin gelösten Stoffe mit.

An der Wasseroberfläche nimmt die Luft nach und nach einzelne Wassermoleküle auf. Man nennt das: Das Wasser verdunstet.

Wenn Wasser verdunstet, bleiben die darin gelösten Stoffe zurück und werden wieder fest.

Ilona Gröning: Experimente für den Sachunterricht
© Persen Verlag

❶ Zeichne die Sodakristalle und deinen „Tropfstein" in das Bild.

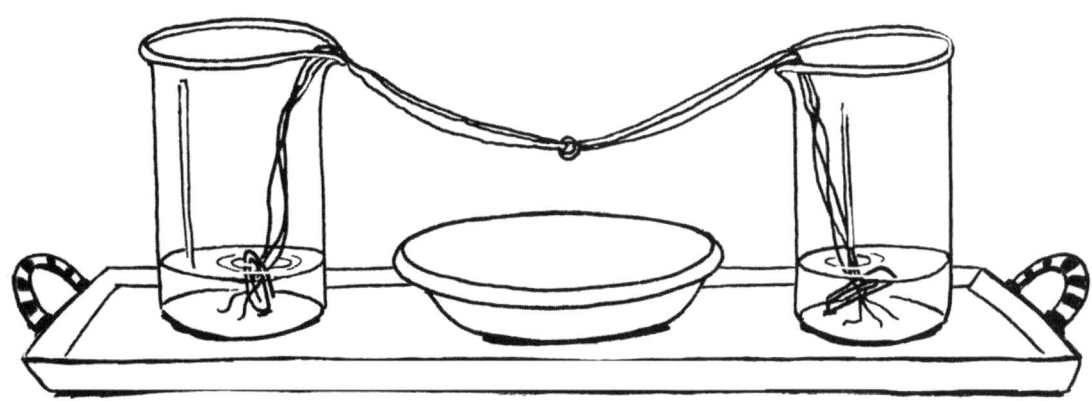

❷ Unterstreiche die richtigen Wörter in den Klammern.

Soda und andere Salze (lösen / festigen) sich in Wasser auf.

Fließt das Wasser, nimmt es die darin gelösten Stoffe (nicht mit / mit).

An der Wasseroberfläche nimmt die Luft nach und nach einzelne

Wassermoleküle auf. Man nennt das: Das Wasser (verdunstet / verschwindet).

Wenn Wasser verdunstet, bleiben die darin gelösten Stoffe zurück und werden

wieder (flüssig / fest).

Hinweise für Lehrer:

Durchführung:

Lücken im Wasser 1

Verwenden Sie zwei identische Gläser. Weisen Sie die Schüler darauf hin, die Höhe des Wasserstandes im Glas während des ganzen Experimentes zu beobachten.

Das Wasser sollte nicht heiß sein, ca. 40 °C sind ausreichend. Vor allem im Glas mit kaltem Wasser sollte nach jedem Löffel Kochsalz ca. 1 Minute umgerührt werden. Es dauert eine Weile, bis das Salz gelöst ist.

Die Salzlösung wird schon bei Zugabe des ersten Löffels mit Kochsalz trüb, dies liegt an den Zusatzstoffen im Salz. Hochreines Salz, wie es für die Spülmaschine verwendet wird, bleibt zwar klar, löst sich aber nur sehr schwer auf. Verwenden Sie keinen Zucker für dieses oder die nachfolgenden Experimente. Zucker löst sich ausgezeichnet in Wasser, die Zuckermoleküle sind allerdings so groß, dass sie nicht in die „Lücken" passen. Das Gesamtvolumen der Lösung erhöht sich deutlich sichtbar mit jedem Löffel Zucker. Die Dichte von Zuckerwasser ist sehr viel niedriger als die Dichte von Salzwasser.

Lücken im Wasser 2 (Verdunstung)

Verwenden Sie konzentrierte Kochsalzlösung. Je ruhiger die Schalen stehen, umso klarer und schöner werden die Kristalle. Um regelmäßig geformte Würfel zu erhalten, kann zu den anfangs noch flachen Kristallen etwas stark konzentrierte Salzlösung in die Schale nachgegossen werden. Nur bei einer bestimmten Wassertiefe wachsen die Kochsalzkristalle gleichmäßig.

Die Salzlösung „kriecht" auf Grund der Kapillarwirkung am Rand der Schale zwischen den Kristallen nach oben (Siehe Hintergrundwissen Kapitel 8 Experiment „Farbe aufspalten").

Salzwasser und Süßwasser

Wichtig: Achten Sie auf die Wassermengen! Nur wenn diese annähernd übereinstimmen, ist das Ergebnis vergleichbar. Um eine konzentrierte Salzlösung zu erhalten, muss mindestens 30 g Kochsalz pro 100 ml Wasser gelöst werden. Die Schüler sollten keine Salzkristalle mitwiegen, dies verfälscht das Ergebnis. Je höher der Salzgehalt der Lösung ist, umso größer wird der Dichteunterschied. Sie können die Salzlösungen verwahren und für nachfolgende Experimente weiterverwenden.

Unentschlossener Fisch

Die Salzlösung muss wirklich gesättigt sein, dazu sind 50–60 g gelöstes Kochsalz pro 100 ml Wasser notwendig.

Verwenden Sie Kartoffeln aus ökologischem Anbau nicht, ohne sie zuvor zu testen. Sie können einen so hohen Stärkeanteil enthalten, dass sie einfach nicht schwimmen. Ihre Dichte ist größer als die der konzentrierten Kochsalzlösung.

Zum Überschichten sollten Salz- und Leitungswasser in etwa die gleiche Temperatur haben. Wichtig ist, zuerst das Leitungswasser in das Glas zu füllen und dann das Salzwasser hinzuzugeben. Durch den Schlauch mit dem Trichter fließt das Salzwasser unter das Leitungswasser. Da das Salzwasser viel schwerer ist, wird das leichtere Wasser angehoben. Sobald das Leitungswasser wenige Zentimeter angehoben ist, findet so gut wie keine Durchmischung mehr statt. Mit dieser Methode ist das Schichten sehr einfach und kann von allen Schülern ohne große Schwierigkeiten durchgeführt werden. Salz- und Süßwasser mithilfe eines Löffels vorsichtig übereinanderzugießen, ist für die Schülerhand zu schwierig.

Sie können auf das Einfärben verzichten, dennoch ist die Grenzschicht deutlich sichtbar.

Färben Sie nicht mit Uranin ein. In Verbindung mit einer blau gefärbten Schicht sieht es immer nur grün aus. Am besten ist das Färben in Blau und Gelb, dann wird sich eine grüne Grenzschicht ausbilden.

Ilona Gröning: Experimente für den Sachunterricht
© Persen Verlag

Kristalle züchten

Folgende Spezialsalze können verwendet werden, (Einsatzmenge entsprechend der jeweiligen Löslichkeit):

Kaliumaluminiumalaun, farblos (20 g pro 100 ml Wasser)

Kaliumchromalaun, violett (17 g pro 100 ml Wasser)

Die Temperatur des Wassers ist entscheidend für die Menge des sich lösenden Salzes. Ist das Wasser zu heiß, wird die Lösung stark übersättigt, 50 bis 70 °C sind am besten geeignet. Statt einzelner, großer „Einkristalle" bilden sich sonst Kristallklumpen, die aus sehr vielen kleinen Kristallen bestehen. Das Umgießen in ein sauberes Glas ist notwendig, damit kein Bodensatz mehr in der Lösung ist. Das Wasser und die verwendeten Materialien müssen unbedingt sauber sein.

Während des Kristallwachstums sollten die Gläser staubfrei, erschütterungsfrei und nicht auf der Heizung stehen!

Kaliumchromalaunlösung ist dunkelviolett bis schwarz.

Färben der farblosen Lösung: Färbt man das Wasser mit Uranin, kann das Wachstum des Kristalls vor dem hellgelben Hintergrund sehr schön beobachtet werden, er selbst bleibt aber farblos und klar.

Wichtig: Mit der Pinzette nur **einen** winzigen Krümel Uranin pro Glas zusetzten.

Färben der farblosen Kristalle: Zum Anfärben verwendete Lebensmittelfarbe oder Tinte wird nur in geringen Mengen im Alaunkristall eingelagert. Ist die Lösung zu stark gefärbt, kann man das Kristallwachstum nicht mehr gut erkennen und die Kristalle werden trüb.

Ganz besonders riesige Kristalle erhält man, wenn man einen bereits gewachsenen Einkristall aus der Lösung herausnimmt. Das Glas im Wasserbad oder in der Mikrowelle vorsichtig leicht erwärmt und so lange umrührt, bis der neu entstandene Bodensatz wieder vollständig gelöst ist.

Wichtig: Die Lösung unbedingt wieder auf Zimmertemperatur abkühlen lassen und dann den vorgezüchteten Kristall als Impfkristall wieder in die Lösung geben.

Bezugsquellen:

Salze: Apotheke, Chemikalienhandel oder Blumenfachmarkt.

Uranin zum Anfärben von Wasser: Sie können die örtliche Kläranlage oder den Kanalbetriebshof Ihrer Gemeinde anrufen und nach dem Labor fragen. Bitten Sie dort um einen Teelöffel Uranin. Uranin ist eine absolut ungiftige und ungefährliche Substanz. Es handelt sich um ein dunkelrotes Pulver, das in minimaler Menge eine neongelbgrüne und durchdringende Färbung des Wassers ergibt.

Tropfsteine

Sollte am ersten Tag zu viel Wasser in die Schale tropfen, gießen Sie es einfach zurück in die Bechergläser und rühren in jedes Glas noch einen Löffel Soda. Die Lösung war zu dünnflüssig. Sie können auch normale Gläser verwenden, Bechergläser haben aber den Vorteil, dass durch die Ausgießöffnung die Sodalösung besser den Faden entlangfließt.

Ist die Wolle trocken von Glas zu Glas gespannt, fließt die Sodalösung nicht durch den Wollfaden. Dies funktioniert erst, wenn die Wolle mit Sodalösung getränkt ist. Dazu muss sie kurz in eines der Gläser getaucht werden.

Stellen Sie das Experiment unbedingt auf ein Tablett. Das Soda kristallisiert auch in den Bechergläsern und der Schale wieder aus. Es hat die unangenehme Eigenschaft, dabei an den Bechergläsern „entlangzukriechen". Dies beruht auf der Kapillarwirkung im Soda (siehe Experiment: Farbe aufspalten). Deshalb läuft die Lösung über die Gläser nach außen.

Verwenden Sie kein Waschpulver anstelle von Soda. Mit den handelsüblichen Waschmittel-Konzentraten funktioniert das Experiment nicht.

Hintergrundwissen:

Wasser/Stoffumwandlung

Wasser ist eine der häufigsten auf der Erde vorkommenden Verbindungen und ist ein ausgezeichnetes Lösungsmittel. Wasser in reiner Form nennt man entionisiertes bzw. destilliertes Wasser. Wir verwenden es zum Beispiel in Dampfbügeleisen. In destilliertem Wasser befinden sich absolut keine gelösten Inhaltsstoffe.

In der Natur findet man eigentlich kein destilliertes Wasser. Selbst sauberes Leitungswasser, das wir als rein empfinden, enthält gelöste Mineralien und Salze, es wird dennoch als Süßwasser bezeichnet. Verdunstet das Wasser, bleiben die gelösten Inhaltsstoffe zurück.

Eine wichtige Konstante zur Beschreibung von Stoffen ist die Dichte. Die Dichte ist definiert durch das Verhältnis von Masse zu Volumen. Je mehr Masse pro Volumen, umso größer ist die Dichte. Normales Leitungswasser hat eine Dichte von ca. 1 [g/ml]. Für Salzwasser bedeutet das: Je mehr gelöstes Salz sich in der gleichen Menge Wasser befindet, umso größer ist seine Dichte.

Fließgewässer lösen auf ihrem Weg durch die Natur Mineralien und Salze aus dem Erdreich bzw. Gestein. Auch das Grundwasser transportiert beim Versickern gelöste Stoffe durch die Erdschichten. Verdunstet das Wasser wieder, können sich je nach Menge und Art der enthaltenen Mineralien in der Natur Tropfsteine und andere Ablagerungen bilden. Die gelösten Mengen sind nur klein und das Wachstum der Tropfsteine dauert Hunderte von Jahren. Um dies zeitlich zu beschleunigen, verwenden wir im Experiment eine übersättigte Sodalösung. Es bildet sich bereits nach 1–2 Tagen eine Art Tropfstein.

Salze in Pulverform bestehen aus sehr kleinen Kristallen. In diesen Kristallen ordnen sich die einzelnen Atome in Form von Ionen (positiv und negativ geladene Atome) in einer bestimmten Gitterstruktur in einem einzigen Kristallgitter anzuordnen. Es bilden sich einzelne sehr große Kristalle, sogenannte „Einkristalle".

an. Durch das Auflösen eines Salzes in Wasser wird der regelmäßige Aufbau des Ionengitters zerstört. Die Salzbausteine liegen als einzelne Ionen im Wasser verteilt vor.

Zum Auflösen bzw. Zerstören der Gitterstruktur der in den Experimenten eingesetzten Salze in Leitungswasser wird Energie benötigt. Je mehr Energie in Form von Wärmeenergie vorhanden ist, umso mehr Salz kann gelöst werden.

Eine praktische Anwendung finden wir bei den bekannten Handwärmern. In ihnen befindet sich eine hoch konzentrierte Lösung aus einem Salz (Natriumacetat). In kochendem Wasser wird die Wärmeenergie zum Lösen des Salzes benötigt und dabei gespeichert. Kristallisiert dieses Salz ausgelöst durch das Knicken eines Metallplättchens wieder aus, wird die Energie in Form von Wärme wieder frei.

Stoffumwandlung: Das verwendete Kochsalz besteht chemisch aus Natrium und Chlor. Beides ist in elementarer Form höchst gefährlich. Im Kochsalz liegen die Elemente miteinander als Ionen verbunden im würfelförmigen Kristallgitter vor; chemische Formel: NaCl.

Im Wasser wird die Gitterstruktur zerstört und das NaCl zerfällt in einzelne Na+ und Cl- Ionen. Die Ionen sind positiv und negativ geladen. Wassermoleküle besitzen ebenfalls eine Ladungsverteilung (siehe Kapitel 6: Oberflächenspannung). Da unterschiedliche Ladungen sich anziehen, umhüllen die Wassermoleküle die Salz-Ionen. Je kleiner die Salz-Ionen sind, umso dichter ist die Umhüllung aus Wassermolekülen. Das gelöste Salz passt, in anschaulicher Menge, zwischen die einzelnen Wassermoleküle, ohne zusätzlichen Raum einzunehmen.

Kühlt die gesättigte Salzlösung ab oder verdunstet das Wasser, gibt sie das überschüssige Salz ab. Es bilden sich wieder Salzkristalle aus, die in der Regel deutlich größer sind als die ursprünglich aufgelösten Kristalle. Einige Salze haben dabei die Eigenschaft, besonders viele Ionen homogen in einem einzigen Kristallgitter anzuordnen. Es bilden sich einzelne sehr große Kristalle, sogenannte „Einkristalle".

Ilona Gröning: Experimente für den Sachunterricht
© Persen Verlag

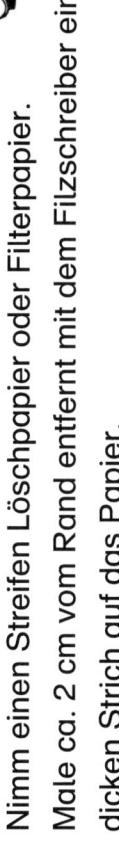

Farbe aufspalten/Chromatografie

☑ **Das brauchst du:**

Filterpapier/Löschpapier (weiß)

Filzstift (braun)

Teller

Etwas Wasser

Schreibpapier

 **So geht es:**

1. Nimm einen Streifen Löschpapier oder Filterpapier.
   Male ca. 2 cm vom Rand entfernt mit dem Filzschreiber einen
   dicken Strich auf das Papier.

2. Lege den Papierstreifen über den Tellerrand.

3. Vermute: Was geschieht, wenn du etwas Wasser in den Teller
   gießt?

   *Achte darauf, dass nur das Papier unterhalb des Striches in
   das Wasser taucht!*

4. Vermute noch einmal: Was geschieht, wenn du andere Farben,
   Buntstifte oder Schreibpapier verwendest?

Was beobachtest du?

☺ **Tipps:**

Der Papierteil mit dem Farbstrich darf beim Eingießen des
Wassers nicht direkt untergetaucht sein. Die Farbe würde sonst
einfach in das Wasser verlaufen.

Also: Halte genügend Abstand zum Papierrand!

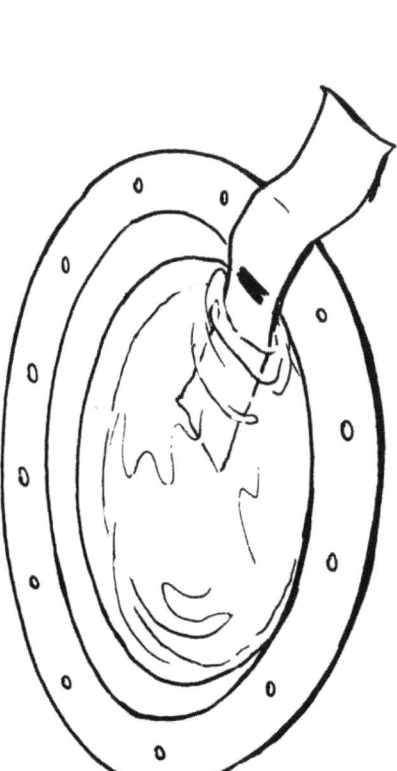

Ilona Gröning: Experimente für den Sachunterricht
© Persen Verlag

Lehrerseite „Farbe aufspalten"

ⓘ Erklärung:

Die Farben Blau, Gelb und Rot sind die Grundfarben. Alle anderen Farben sind aus diesen Grundfarben gemischt und heißen Mischfarben.

Flüssige Farben, wie in Filzstiften, sind oft wasserlöslich. Das heißt, sie können sich in Wasser auflösen und verteilen. Nur Löschpapier und **Filterpapier** wirken wie kleine Schwämme, sie saugen Wasser auf. Das **Wasser** wandert sogar im Papier nach oben. Dabei nimmt das Wasser lösliche Farben mit. Jede einzelne Farbe wird unterschiedlich weit auf dem Papier mitgenommen. Dabei werden **Mischfarben** wieder in die einzelnen **Grundfarben getrennt.**

Normale Buntstifte enthalten keine flüssige Farbe. Eddingstifte und Gelstifte sind nicht wasserlöslich. Ihre Farbe wird nicht getrennt.

Folgende Wörterliste hilft dir beim Ausfüllen des Auswerteblattes:

 | Filterpapier, Wasser, Mischfarbe, trennen, Grundfarben

Hinweise für Lehrer:

Bitte beachten Sie die Hinweise für Lehrer zum Kapitel „Farben" auf Seite 89.

Hintergrundwissen:

Siehe Hintergrundwissen des Kapitels „Farben" auf Seite 89.

Lösung des Arbeitsblattes:

❶

Mögliche Antworten:

Kaffeefilter, Laborfilter, Löschpapier, normales Papier

Filzschreiber, Buntstifte, Wachsstifte, Tinte, Füller, Gelstifte

Ein Filterpapier (ohne Farbe) saugt sich vollständig/bis oben voll, wenn es in einem Gefäß mit Wasser liegt.

Die braune Farbe hat sich in mehrere Farben aufgetrennt. Die Grundfarben, aus denen das Braun zusammengesetzt ist, können, je nach Hersteller des Filzschreibers, stark variieren.

Meist finden sich: lila, gelb, blau, rot, orange und grün.

❷

Filterpapier oder Löschpapier können wie ein Schwamm Flüssigkeiten aufsaugen.

Das Experiment funktioniert nicht mit einfachem Schreibpapier.

Die Farben Rot, Gelb und Blau nennt man Grundfarben.

Mischfarben können wieder in ihre einzelnen Grundfarben getrennt werden.

Ilona Gröning: Experimente für den Sachunterricht
© Persen Verlag

❶ Beantworte die folgenden Fragen.

Welche Papiersorten und Stifte hast du ausprobiert?

_____

_____

Was passiert mit Filterpapier ohne Farbe, wenn es in ein Gefäß mit etwas
Wasser gelegt wird?

_____

_____

Im Experiment hast du einen Strich mit braunem Filzstift auf Filterpapier gemalt.
Was passierte mit der braunen Farbe, als das Filterpapier im Wasser lag?

_____

_____

❷ Unterstreiche die richtigen Wörter in den Klammern.

Filterpapier oder Löschpapier können wie ein Schwamm (Feststoffe /

Flüssigkeiten) aufsaugen.

Das Experiment funktioniert (auch / nicht) mit einfachem Schreibpapier.

Die Farben Rot, Gelb und Blau nennt man (Mischfarben / Grundfarben).

Mischfarben können (wieder / niemals) in ihre einzelnen Grundfarben

getrennt werden.

Sonderbares Essen

☑ **Das brauchst du:**

Kartoffeln

Schälmesser

Kochtopf

Wasser

Etwas Milch, Zucker, Salz

Kartoffelstampfer

Lebensmittelfarben

(rot, grün, gelb und blau usw.)

Mehrere Löffel

Mehrere Schälchen

Quark

Tuch zum Augenverbinden

✋ **So geht es:**

1. Schäle und schneide die Kartoffeln in kleine Stücke.
   Koche die Kartoffeln in leicht gesalzenem Wasser, bis diese weich sind.
   ⚡ *Vorsicht am Herd!*

2. Lasse dir helfen, das heiße Wasser abzugießen. Anschließend gib etwas Milch zu den Kartoffeln und stampfe alles zu Püree.

3. Verrühre auch den Quark mit etwas Milch.

4. Teile das Kartoffelpüree in 5 Portionen. Rühre nun in eine Portion etwas (eine Löffelspitze) Zucker. In die restlichen 4 Portionen rührst du jeweils eine der Lebensmittelfarben.

5. Mache das Gleiche mit dem Quark.

6. Vermute: Wie wird das sonderbare Essen schmecken?

7. Bist du so mutig und versuchst mit verbundenen Augen die unterschiedlichen Farben zu schmecken? Lasse dir hierbei von deinem Partner/Lehrer helfen.

👁 **Was beobachtest du?**

☺ **Tipps:**

Welche der Farben kam dir seltsamer vor oder schmeckte am schlechtesten: Rot, Blau, Gelb oder Grün?

Welche Farbe kommt in der Natur bei Lebensmitteln eher nicht vor?

Ilona Gröning: Experimente für den Sachunterricht
© Persen Verlag

Lehrerseite „Sonderbares Essen"

Hinweise für Lehrer:

Bitte beachten Sie die Hinweise für Lehrer zum Kapitel „Farben" auf Seite 89.

Hintergrundwissen:

Siehe Hintergrundwissen des Kapitels „Farben" auf Seite 89.

Lösung des Arbeitsblattes:

Individuelle Lösungen sind möglich und erwünscht.

ⓘ Erklärung:

Das **Aussehen** von Lebensmitteln lässt uns bereits vor dem Essen vermuten, wie etwas **schmecken** wird.

So heißt ein bekanntes Sprichwort: „Das Auge isst mit."

Sehen gewohnte **Lebensmittel** seltsam und ungewohnt aus, so erwarten wir auch, dass sie anders schmecken werden.

Diese Reaktion, die von unserem Gehirn ausgeht, dient unserer Gesundheit. Verdirbt Essen, verändert es meistens das Aussehen. Also wird auch die **Farbe** „falsch".

Vor allem Farben, die in der Natur eher nicht bei Lebensmitteln vorkommen, wirken besonders **sonderbar.**

Gelb oder Orange würden uns nicht so stören wie Blau.

Die benutzte Lebensmittelfarbe hatte selbst keinen eigenen **Geschmack.** Es ist immer nur etwas Zucker darin.

Folgende Wörterliste hilft dir beim Ausfüllen des Auswerteblattes:

Aussehen, schmecken, Lebensmittel, sonderbar, Farbe, Geschmack

❶ Notiere: In welchen Farben hast du das Essen eingefärbt? Wie sahen diese Farben aus?

	Farbe:				Farbe:	
	Quark	Kartoffel-püree			Quark	Kartoffel-püree
Portion 1			Portion 4			
Portion 2			Portion 5			
Portion 3			Portion 6			

❷ Beantworte die folgenden Fragen.

Welche Farbe schmeckte am besten und welche am schlechtesten?

_____

_____

Schmeckten alle Farben gleich?

_____

_____

Welche Farbe kommt in der Natur bei Lebensmitteln eher nicht vor?

_____

_____

Ilona Gröning: Experimente für den Sachunterricht
© Persen Verlag

Hinweise für Lehrer:

Durchführung:

Farbe aufspalten

Alternativ zu runden Laborfiltern können Sie normale weiße Filter für Kaffee verwenden. Kaufen Sie runde Filter und Filtertüten. Die Filtertüten können in zwei flache Stücke auseinander geschnitten werden. Löschpapier gibt es als DIN-A4-Block auch in weiß bzw. grau. Lassen Sie die Schüler das Papier in ca. 5 cm breite Streifen schneiden. Die Saugfähigkeit von Löschpapier ist sehr viel geringer als die von Laborfiltern. Das Experiment benötigt mit Löschpapier mehr als 30 Minuten. Kaffeefilter sind am porösesten, hiermit dauert das Experiment nur wenige Minuten.

Verwenden Sie am besten wasserlösliche braune oder schwarze Filzschreiber. Tinte sollten Sie zuvor testen, denn schwarze Tinte besteht oft aus schwarzen Farbpigmenten und ist nicht mehr in einzelne Farben zu teilen. Achten Sie darauf, nur normale Buntstifte testen zu lassen, keine Aquarellstifte.

Zusätzliche Aufbauvariante:

Anstatt der Teller können Sie auch Gläser verwenden. Die Papierstreifen werden in diese senkrecht hereingestellt. Oben können sie entweder geknickt über einen Holzspieß gehängt oder mit einer Wäscheklammer fixiert werden.

Zeichnen Sie mit einem wasserunlöslichen Stift ein Tier z. B. Krake oder Raupe auf ein Löschpapier. Unterhalb der Zeichnung kommt ein dicker Streifen brauner Filzstift. Stellen Sie das Papier in Wasser und die Zeichnung wird sich von selbst in allen Farben bunt einfärben. (*Zum Einsatz im Kunstunterricht geeignet.*)

Sonderbares Essen

Fragen Sie vor der Durchführung des Experimentes unbedingt, ob unter den Schülern Kinder mit Laktose-Intoleranz oder anderen Unverträglichkeiten sind! Das Püree kann auch mit etwas Wasser statt Milch angerührt werden.

Aus hygienischen Gründen ist es sinnvoll, jedem Kind einen eigenen Löffel zum Probieren zu geben.

Die Lebensmittelfarben und den Zucker rührt man jeweils mit einem separaten Löffel in die einzelnen Portionen. Diesen Löffel lässt man in den entsprechenden Farben. Beim Probieren löffelt sich jedes Kind damit immer eine kleine Portion auf seinen persönlichen Löffel und nimmt dann nur diesen in den Mund. Für die beste optische Wirkung können Sie alle Farben nebeneinander auf einer weißen Servierplatte anrichten.

Sollten Sie keine Möglichkeit haben, mit den Schülern zu kochen, können Sie das Experiment als gekürzte Version nur mit dem Quark durchführen.

Hintergrundwissen:

Farbe aufspalten/Chromatografie

Filter- und Löschpapier sind porös, der Wassertransport durch das Papier beruht auf der Kapillarwirkung der Hohlräume im Papier. Kapillar bedeutet: haarfein.

Zwischen den Wassermolekülen und den Wänden der Hohlräume wirken Anziehungskräfte (Adhäsionskräfte). Sie sind größer als die Anziehungskräfte der Wassermoleküle untereinander. Deshalb wird das Wasser an den Wänden nach oben gezogen. Aufgrund der gegenseitigen Anziehung der Wassermoleküle bleibt das Wasser dennoch im Zusammenhalt. Je dünner die Kapillare ist, umso höher steigt darin das Wasser auf. In großen Gefäßen bemerkt man diese Adhäsionskraft nur noch an den Gefäßwänden. Dort steigt das Wasser ein kleines Stück nach oben und bildet einen nach oben gebogenen Rand. Dies nennt man Meniskus (griechisch für Halbmond).

Kapillarwirkung kann man den Schülern wie folgt zeigen: Halten Sie einen Trinkhalm in ein Glas mit Wasser. Innerhalb des Halmes wird der Wasserstand immer höher sein als im Glas. Je kleiner der Durchmesser des Halmes ist, umso höher wird der Wasserstand im Innern sein. Sehr schön kann man hier auch den Meniskus sehen.

Woher kommt der Begriff **Chromatografie?**

Chromatografie ist ein wissenschaftliches Verfahren zur Trennung von Stoffgemischen. Es könnte übersetzt heißen: Wissenschaft von dem Ort, an dem die Farbe ist.

Chroma kommt aus der griechischen Sprache und bedeutet: Farbe. Der grüne Farbstoff der Pflanzen (Chlorophyll) befindet sich in speziellen Pflanzenzellen. Diese heißen Chromatophoren, übersetzt: Ort, der die Farbe trägt.

Um das Chlorophyll aus Pflanzen abtrennen zu können, haben Botaniker (M. Tswett 1906) vor ca. 100 Jahren ein Verfahren zur Trennung von Stoffgemischen entwickelt: Die Papier-Chromatografie. Sie ist der Ursprung aller später entwickelten Chromatografie-Verfahren. Dabei werden je nach Größe, Gewicht und Ladung die einzelnen Bestandteile des zu trennenden Stoffgemisches vom Lösungsmittel, z.B. Wasser (der sogenannten mobilen Phase), unterschiedlich weit auf dem Papier (der sogenannten stationären Phase) mitgenommen.

Das Trennprinzip findet auch heute noch Anwendung in modernen technischen Verfahren (z.B. Gaschromatografie) zur Trennung von Stoffgemischen. Eingesetzt wird es z.B. zum Nachweis von Dopingmitteln, Schadstoffen oder Giften.

Sonderbares Essen

Obwohl Kartoffelpüree und Quark mit identischen Farbstoffen gefärbt werden, ist die erzielte Farbe sehr unterschiedlich. Dies liegt an den Ausgangsprodukten. Die gelblichen Kartoffeln nehmen die Farbe unverfälscht und intensiv an, sie ergeben exakt den ursprünglichen Farbton der Lebensmittelfarben. Der weiße Quark verändert die Farbtöne sehr stark. Dies liegt daran, dass der Quark aus Fett und Wasser besteht, dadurch wird die Lichtbrechung verändert und die Farben verändern sich.

Seltsam gefärbtes Essen ist den Schülern heute nicht mehr unbekannt oder wirklich ungewöhnlich. Eine zusätzliche Komponente erhält dieses Experiment jedoch durch die Demonstration, wie leicht die Schüler zu beeinflussen sind.

Hierzu „füttern" Sie einen Schüler mit verbundenen Augen. Fragen Sie ruhig und bestimmt nach Unterschieden im Geschmack. Wecken Sie durch gezielte Fragen bestimmte Erwartungshaltungen, z.B. „Hier kommt jetzt Rot, schmeckst du den Unterschied?" Oder kündigen Sie den Wechsel der Farbe an und nehmen dann doch wieder die Vorherige usw. Vor allem die zuschauenden Schüler werden verblüfft sein, wie einfach die Einflussnahme ist. Bitten Sie alle Schüler ruhig zu sein, nicht zu lachen oder etwas zu verraten. Obwohl eigentlich längst klar ist, dass es überhaupt keine Unterschiede im Geschmack gibt, werden alle dann doch Unterschiede bemerken.

Ilona Gröning: Experimente für den Sachunterricht
© Persen Verlag

Kresse züchten

☑ Das brauchst du:

5 Schälchen

Kreppklebeband, Stift

Watte

Kressesamen

Wasser

5 verschließbare Gläser

5 Löffel

Kochsalz, Öl, Waschpulver, Cola

Tablett

Arbeitsblatt

👋 So geht es:

1. Klebe auf jedes Glas ein großes Stück Kreppklebeband. Nummeriere die Gläser von 1 bis 5.

2. Mache nun das Gleiche mit den Löffeln und Schälchen.

3. Lege auf jedes Schälchen etwas Watte und streue Kressesamen darauf. Gieße etwas sauberes Wasser auf die Watte.

➤ *Achte darauf, die Kressesamen in den nächsten Tagen immer feucht zu halten!*

4. Fülle in jedes der fünf Gläser Wasser. Gib zusätzlich in ein Glas Salz, in ein weiteres Öl, in das nächste Waschpulver und in ein Glas Cola. Ein nur mit Wasser gefülltes Glas bleibt übrig.

➤ *Verwende immer den passend nummerierten Löffel zu jedem Glas und Schälchen!*

5. Notiere auf dem Arbeitsblatt die Nummern der Gläser mit der zugehörigen Verunreinigung.

6. Warte einige Tage, bis die Kressepflanzen gut gewachsen sind.

7. Vermute: Was passiert, wenn du von nun an jeden Tag die Kressepflanzen mit verunreinigtem Wasser gießt?

✍ Was beobachtest du?

☺ Tipps:

Rühre das verunreinigte Wasser zuerst im Glas gut um.

Achte darauf, die Kresse in Schälchen 1 mit dem Wasser aus Glas 1 zu gießen. Verwende dabei immer Löffel 1. Mache es genauso mit den Nummern 2 bis 5.

Ilona Gröning: Experimente für den Sachunterricht
© Persen Verlag

ⓘ Erklärung:

Aus **Samen** wachsen **Pflanzen**. Für das Wachstum brauchen sie Sonne, Wärme, Nährstoffe und natürlich **Wasser**. Die Pflanzen nehmen über ihre Wurzeln das lebenswichtige Wasser auf. Ist dieses Wasser verunreinigt, wirken die Verunreinigungen wie Giftstoffe auf die Pflanzen. Die Pflanzen werden geschädigt. Sie **wachsen langsamer, verfärben** sich oder sterben ab.

Folgende Wörterliste hilft dir beim Ausfüllen des Auswerteblattes:

> Samen, Pflanzen, Wasser, wachsen, langsamer, verfärben

Hinweise für Lehrer:

Durchführung:

Das Klebeband wird so an den Materialien angebracht, dass es gut sichtbar und außerhalb der wasserberührten Bereiche ist. Verwenden Sie zusätzlich einen wasserfesten Stift.

Alle Kressepflanzen sind so lange nur mit sauberem Wasser zu gießen, bis sie eine Größe von 1 bis 2 cm erreicht haben. Wählen Sie die möglichen Verunreinigungen mit den Schülern aus. Weitere Vorschläge: Spülmittel, Haushaltsreiniger, Shampoo, Sand oder Ruß.

Zum Begießen ist täglich ein Löffel mit Wasser ausreichend. Die Pflanzen sollten nicht „ertrinken" oder über das Wochenende vertrocknen. Achten Sie unbedingt darauf, dass immer bei jedem Glas/Schälchen der gleiche Löffel verwendet wird. Als Beobachtungszeitraum sollte mindestens eine Woche eingeplant werden.

Eines der Kresseschälchen wird als Referenzprobe weiterhin mit sauberem Wasser gegossen. Wählen Sie die Konzentrationen der Verunreinigungen nicht zu niedrig, sonst dauert es zu lange, bis eine deutlich sichtbare Schädigung der Pflanzen eintritt.

Entsprechend dem Grad der Schädigung können sich einige Pflanzen wieder erholen. Hierzu wird nach ca. einer Woche statt mit Schmutz-

wasser wieder mit sauberem Wasser gegossen. Zuvor sollte allerdings das Ausmaß der Schädigung deutlich sichtbar und von den Schülern dokumentiert sein.

Hintergrundwissen:

Die Verunreinigungen im Gießwasser wirken auf die Pflanzen wie Giftstoffe. Je nach Konzentration und Art der Verunreinigungen wird die Reaktion der Pflanzen ausfallen. Je höher die Konzentration, umso schneller und nachhaltiger werden die Pflanzen geschädigt und verfärben sich oder sterben ab.

Die Kresse wurde auf Grund ihres schnellen Wachstums ausgewählt. Es können auch andere Pflanzen verwendet werden. Küchenfertig vorgezogene Kressepflanzen haben den Nachteil, dass sie bereits ausgewachsene Pflanzen sind und keine Schädigung des Wachstums mehr festgestellt werden kann. Auch welken die Pflanzen je nach Alter bereits nach wenigen Tagen von alleine.

Lösung des Arbeitsblattes:

Was brauchen Samen, damit aus ihnen eine Pflanze wachsen kann?

Sonne, Wärme, Nährstoffe, Wasser oder sauberes Wasser

Wie wirkt verunreinigtes Wasser auf Pflanzen?

Es wirkt wie ein Giftstoff.
Die Pflanzen werden – geschädigt;
  – wachsen langsamer;
  – verfärben sich;
  – sterben ab.

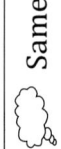

❶ Notiere die Verunreinigung.

	Verunreinigung:
Glas und Schälchen Nr. 1	
Glas und Schälchen Nr. 2	
Glas und Schälchen Nr. 3	
Glas und Schälchen Nr. 4	
Glas und Schälchen Nr. 5	

❷ Beantworte die folgenden Fragen.

Was brauchen Samen, damit aus ihnen eine Pflanze wachsen kann?

Wie wirkt verunreinigtes Wasser auf Pflanzen?

Pflanzensamen im Gipsbett

☑ **Das brauchst du:**

Gipsanrührgefäß (später Abfall)

Gipspulver

Wasser

Große Schale

Pflanzensamen

Löffel

 **So geht es:**

1. Rühre das Gipspulver nach der Anleitung auf der Packung an. Achte darauf, dass die Gipsmasse noch gießfähig ist.

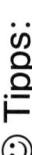 *Wichtig: Immer erst das Wasser, dann das Pulver!*

2. Gieße die Schale halbvoll mit der Gipsmasse.

3. Streue einige Pflanzensamen darauf. Verteile sie gleichmäßig.

4. Gib nun die restliche Gipsmasse auf die Schale.

5. Vermute: Was geschieht mit dem Gips und den Samen, wenn du die Schale in den nächsten Stunden und Tagen beobachtest?

👁 **Was beobachtest du?**

☺ **Tipps:**

Achte darauf, dass die Samen nicht zu tief unten im Gips sind.
Die Gipsmasse muss noch flüssig genug sein, um in die Schale gegossen werden zu können.

Ilona Gröning: Experimente für den Sachunterricht
© Persen Verlag

Lehrerseite „Pflanzensamen im Gipsbett"

① Erklärung:

Das Gipspulver wird mit Wasser angerührt und ist anfangs noch sehr feucht. Der **Gips** trocknet nach kurzer Zeit und wird **fest**. Man nennt das: Der Gips bindet ab. Die **Pflanzensamen** im Gips saugen sich in dieser Zeit voll **Wasser** und quellen auf. Die Samen beginnen zu keimen und eine Pflanze kann wachsen. Dies dauert je nach Pflanzensorten unterschiedlich lange. Die Samen benötigen durch den Keim nun viel mehr **Platz**. Sie sind aber im harten Gips eingeschlossen. Es entsteht Druck. Dieser Druck reicht aus, um den Gips aufzusprengen. Er **platzt auf.** Nach wenigen Tagen sind die Pflanzenkeime zu sehen.

Folgende Wörterliste hilft dir beim Ausfüllen des Auswerteblattes:

| Gips, fest, Pflanzensamen, Wasser, Platz, aufplatzen |

Hinweise für Lehrer:

Durchführung:

Als Schale eignen sich gut Styropor- oder Plastikschalen aus dem Supermarkt, in denen üblicherweise Äpfel verkauft werden. Möglich ist auch die Verwendung eines möglichst durchsichtigen Plastikbechers. Ist dieser starr und unflexibel genug, platzt auch der Becher mit auf. In einer flachen Schale ist die „Sprengkraft" am eindrucksvollsten zu sehen. Geeignet sind vor allem Kichererbsen und weiße Bohnen. Die Bohnen sprengen bereits nach 1 bis 2 Stunden den Gips auf. Bei Kichererbsen platzt der Gips schon nach wenigen Minuten auf.

Verwenden Sie zum Anrühren des Gipses etwas mehr Wasser als in der Anleitung angegeben. Die Gipsmasse sollte gerade noch fließfähig sein. Lassen Sie mindestens die Hälfte davon in die Schale füllen, dann die Samen gleichmäßig verteilen und anschließend die restliche Gipsmasse darauf verteilen und glatt streichen. Sind die Samen zu tief, platzt der Gips nach unten zum Boden der Schale auf.

Damit die Schüler sehen können, dass die Risse durch die Trocknung sind, können Sie einen Teil der Schale nur mit Gipsmasse, ohne Samen, füllen.

Hintergrundwissen:

Theoretisch rührt die „Sprengkraft" der Pflanzensamen aus der Tatsache, dass die Samen keimen und der Keim mehr Platz benötigt. Verwendet man Pflanzensamen wie Prunkbohnen, quellen diese nur sehr wenig. Es dauert mindestens eine Woche, bis ein Keim wächst. Das Experiment verläuft aufgrund der langen Wartezeit eher unspektakulär. Auch müssten die Samen die ganze Zeit feucht gehalten werden.

Setzt man stark quellende Samen wie Kichererbsen ein, hängt der erhöhte Platzbedarf primär von der Quellfähigkeit der Samen ab. Nach 2 bis 3 Tagen ist auch ein Keim deutlich sichtbar.

Lösung des Arbeitsblattes:

❶

Gipspulver wird mit Wasser angerührt. Es entsteht eine zähflüssige Masse. Der Gips trocknet wieder und wird dabei vollständig fest. Pflanzensamen können Wasser aufnehmen. Durch das Wasser quellen die Samen auf und beginnen zu keimen. Der gequollene Samen und der Keim brauchen mehr Platz. In deinem Experiment sind sie im Gips eingeschlossen. Dadurch entsteht Druck. Dieser ist so groß, dass der Gips aufplatzt.

❷

Pflanzensamen brauchen Wasser zum Keimen.
Nehmen Pflanzensamen Wasser auf, nennt man das: Sie quellen auf. Sie brauchen nun mehr Platz.
Keimende Samen brauchen Platz und entwickeln dabei so viel Kraft, dass sie den festen Gips sprengen können.

❶ Ergänze den Lückentext mit den unten angegebenen Wörtern.

Gipspulver wird mit Wasser angerührt. Es entsteht eine zähflüssige Masse. Der

_____ trocknet wieder und wird dabei vollständig _____.

Pflanzensamen können Wasser aufnehmen. Durch das _____

_____ quellen die Samen auf und beginnen zu _____. Der

gequollene Samen und der Keim brauchen mehr _____.

In deinem Experiment sind sie im Gips eingeschlossen. Dadurch

entsteht _____. Dieser ist so groß, dass der Gips _____.

Wasser, fest, Gips, keimen, aufplatzt, Druck, Platz

❷ Unterstreiche die richtigen Wörter in den Klammern.

Pflanzensamen brauchen (kein Wasser / Wasser) zum Keimen.

Nehmen Pflanzensamen Wasser auf, nennt man das: Sie quellen auf. Sie

brauchen nun (mehr / weniger) Platz.

Keimende Samen brauchen Platz und entwickeln dabei so viel Kraft, dass sie

den festen Gips (sprengen / trocknen) können.

Ilona Gröning: Experimente für den Sachunterricht
© Persen Verlag

Pflanze im Labyrinth

☑ Das brauchst du:

Schälchen

Küchenpapier

Pflanzensamen

Wasser

Schuhkarton mit Deckel

Etwas Pappe

Klebestreifen

Schere

Kleiner Blumentopf

Blumenerde

👋 So geht es:

1. Lege in das Schälchen etwas Küchenpapier und streue Samen darauf. Gieße etwas Wasser auf das Küchenpapier.

   ⚡ *Achte darauf, die Samen in den nächsten Tagen immer feucht zu halten!*

2. Aus den Samen wachsen Pflanzen. Setze sie nach ein paar Tagen in den kleinen Blumentopf mit Erde.

3. Nimm den Schuhkarton und schneide in eine der schmalen Seiten eine Öffnung. Baue aus Pappe zwei Trennwände und klebe sie wie bei einem Labyrinth in den Karton.

   ⚡ *Wichtig: Lasse für die Pflanze einen Durchgang durch das Labyrinth frei!*

4. Stelle den Blumentopf mit der Pflanze in den Karton. Er muss auf der gegenüberliegenden Seite der Öffnung stehen.

5. Vermute: Was passiert mit der Pflanze, wenn du den Schuhkarton mit dem Deckel verschließt und einige Tage abwartest?

✌ Was beobachtest du?

☺ Tipps:

Vergiss nicht, deine Pflanze regelmäßig zu gießen. Pflanzen brauchen zum Wachsen Nährstoffe, die mit dem Wasser aus der Erde gelöst und über die Wurzeln aufgenommen werden.

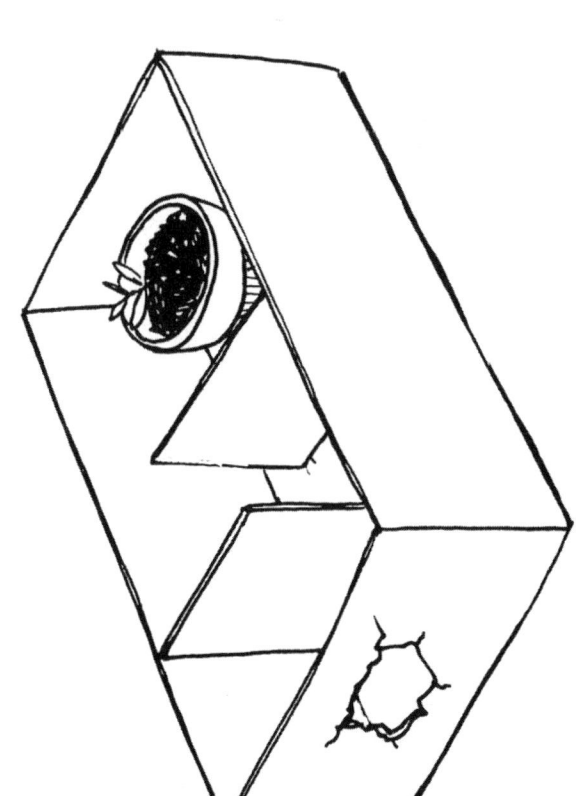

Ilona Gröning: Experimente für den Sachunterricht
© Persen Verlag

Lehrerseite „Pflanze im Labyrinth"

ⓘ Erklärung:

Pflanzen brauchen zum Wachsen Nährstoffe, Wasser, Luft und natürlich auch **Sonnenlicht**. Das Sonnenlicht ist sehr wichtig für die **Pflanzen**. Sie **wachsen** immer in Richtung der größten Lichtquelle. Ist der direkte Weg zum Sonnenlicht versperrt, **sucht** sich die Pflanze ihren **Weg**. Auch wenn sie sich dafür durch die Gänge des **Labyrinths** schlängeln muss.

Folgende Wörterliste hilft dir beim Ausfüllen des Auswerteblattes:

> Sonnenlicht, Pflanzen, wachsen, suchen, Weg, Labyrinth

Hinweise für Lehrer:

Durchführung:

Üblicherweise werden Bohnenkeime verwendet, da sie verlässlich keimen und schnell wachsende Pflanzen ergeben. Noch schneller sind Kichererbsen, sie keimen und wachsen bereits nach einem Tag. Alternativ zu Pflanzensamen können Sie eine keimende Kartoffel einpflanzen und verwenden.

Achten Sie darauf, dass die Blumentöpfchen mit Pflanzen von der Höhe noch in den Schuhkarton mit Deckel passen. Sobald die Pflanzen 1 bis 2 cm groß sind, kann das Experiment beginnen. Der Karton könnte, aber muss nicht hochkant gestellt werden. Die Pflanzen wachsen auch seitwärts zum Lichteinfall.

Stellen Sie die Töpfchen auf Untersetzer oder eine geformte Schale aus Aluminiumfolie. Läuft das Gießwasser durch die Töpfchen durch, schimmelt der Karton bereits nach kurzer Zeit.

Ist der Schuhkarton sehr stabil, bereitet das Schneiden der Öffnung einigen Schülern Probleme und es besteht Verletzungsgefahr.

Der Karton kann zusätzlich mit Pappe längs geteilt werden, dabei entstehen zwei voneinander unabhängige Labyrinthe, in welche parallel zwei Töpfe gestellt werden können.

Hintergrundwissen:

Pflanzen nehmen über die Wurzeln Wasser und über die Blätter Kohlenstoffdioxid aus der Luft auf. Mithilfe der Sonnenenergie wandeln sie Wasser und Kohlenstoffdioxid in Sauerstoff und Zucker um. Diese Umwandlung geschieht im grünen Blattfarbstoff, dem Chlorophyll, und heißt Fotosynthese. Der gebildete Zucker dient der Ernährung der Pflanze und der Sauerstoff wird wieder an die Luft abgegeben.

Solange die Pflanzen im dunklen Karton wachsen, bleiben die Blätter gelb. Ohne Sonnenlicht kann noch keine Fotosynthese stattfinden und die Pflanze bildet in den Blättern noch kein Chlorophyll. Erst im Licht färben sich die Blätter grün.

Die grüne Farbe des Chlorophylls überlagert alle anderen Farben der Blattinhaltsstoffe. Dies ist der Grund, warum Blätter sich im Herbst verfärben. Zieht die Pflanze das Chlorophyll aus den Blättern zurück, werden alle zuvor überdeckten Farben anderer Blattinhaltsstoffe sichtbar.

Lösung des Arbeitsblattes:

Was braucht eine Pflanze zum Wachsen?
Nährstoffe, Wasser, Luft, Sonnenlicht bzw. Licht;
weitere mögliche Antworten: Erde oder Blumenerde

Warum schlängelt sich deine Pflanze durch das dunkle Labyrinth?
Der Pflanze fehlt Licht/Sonnenlicht.

Die Pflanze – sucht den Weg zum Licht/Sonnenlicht;
– wächst in Richtung Licht/Sonnenlicht;
– wächst zur Öffnung, weil es im Karton dunkel ist.

Ilona Gröning: Experimente für den Sachunterricht
© Persen Verlag

❶ Zeichne deine Pflanze am Ende des Experimentes in das Labyrinth.

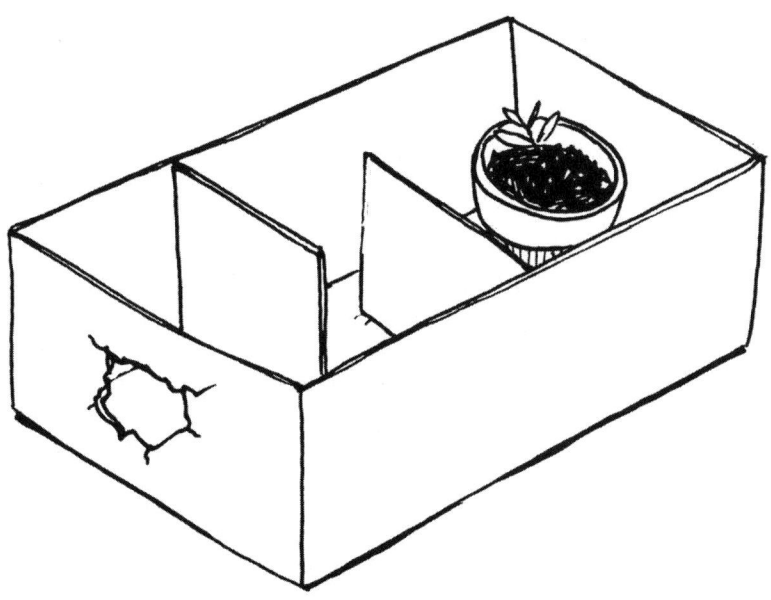

❷ Beantworte die folgenden Fragen.

Was braucht eine Pflanze zum Wachsen?

_____

_____

_____

Warum schlängelt sich deine Pflanze durch das dunkle Labyrinth?

_____

_____

_____

Freie Arbeitsformen im Sachunterricht!

Joachim Borchers

Spannende Sachtexte zu Technik und Umwelt

Kopiervorlagen für den Deutsch- und Sachunterricht ab Klasse 2

92 Seiten, DIN A4, kartoniert
Best.-Nr. **3657**

Geheimnisvolle Kräfte? Anziehende Steine? Gefährliche Strahlung?

Mit diesen Themen wird das **technische Interesse** der Kinder geweckt. Bei kleinen Rätseln, interessanten Aufgaben oder spannenden Experimenten zum Entdecken verschiedener Phänomene merken kleine Leseratten schnell, ob sie den Inhalt der Texte richtig erfasst haben. Dieser Band macht es Ihnen leicht, die Fächer **Sachunterricht** und **Deutsch** sinnvoll miteinander zu verbinden.
Inhaltliche Schwerpunkte:
Elektrizität, Magnetismus, Elektromagnetismus, Luft, Wasser, Feuer, Müll.

Erik Dinges

Technik

3./4. Schuljahr

53 Kopiervorlagen, DIN A4
Best.-Nr. **2453**

Warum brennen Kerzen? Warum sinken Schiffe nicht? Wozu ist Säure in Batterien? Schülerinnen und Schüler begegnen in ihrem Alltag einer Menge physikalischer Phänomene, deren Funktionsweise sie hinterfragen.

Auf zahlreichen **Arbeitsblättern**, in übersichtlichen **Versuchsanordnungen** und bei interessanten **Projekten** finden sie die Antworten. Zugleich erwerben sie erste **physikalische Grundkenntnisse**.
Jedem Thema werden einleitende Hintergrundinformationen in Form kurzer Sachtexte vorangestellt. Eine Vielzahl von Aufgaben, Versuchen und Experimenten u. a. zum **elektrischen Strom**, zur **Dampfmaschine** und zur Funktionsweise eines **Flaschenzugs** schließen sich an.

Erik Dinges

Magnetismus

3./4. Schuljahr

51 Kopiervorlagen, DIN A4
Best.-Nr. **2449**

Mit diesen Materialien können Schülerinnen und Schüler über **zahlreiche Versuche** selbstständig Erfahrungen mit Magneten sammeln und das Geheimnis der Magnetkraft nach und nach lüften.
Ergänzend bietet der handlungsorientierte Lehrgang mit **Sach- und Machkartei** neben Versuchen zahlreiche Infotexte, Zuordnungs-, Wiederholungs- und Transferaufgaben zur Festigung und Erweiterung der neuen Kenntnisse. Projekte und pfiffige Versuche auf den letzten Seiten sind für diejenigen Schülerinnen und Schüler gedacht, die das Phänomen Magnetismus am meisten anzieht.

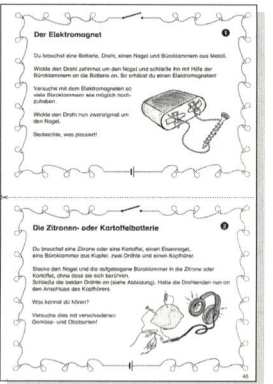

Erik Dinges

Der elektrische Strom

3./4. Schuljahr

52 Kopiervorlagen, DIN A4
Best.-Nr. **2446**

Was ist Strom eigentlich? Wie funktioniert eine Glühlampe?
Bringen Sie endlich Licht ins Dunkel! Mithilfe dieser **handlungsorientierten Arbeitsblätter** und der **Sach- und Machkartei** vermitteln Sie anschaulich und fundiert das Grundwissen über den elektrischen Strom. Die Arbeitsblätter bieten auch zahlreiche Schülerversuche.

BESTELLCOUPON

Ja, bitte senden Sie mir/uns mit Rechnung

Meine Anschrift lautet:

____ Expl. _____ Best.-Nr. _____

____ Expl. _____ Best.-Nr. _____

____ Expl. _____ Best.-Nr. _____

____ Expl. _____ Best.-Nr. _____

☐ Ja, bitte schicken Sie mir kostenlos Ihren aktuellen Gesamtkatalog zu.

Name/Vorname

Straße

PLZ/Ort

Telefon (für eventuelle Rückfragen)

E-Mail

Schultyp

Fächer

Datum/Unterschrift

Bestellcoupon bitte kopieren und einsenden an:

**Persen Verlag GmbH
Postfach 1656
D-21606 Buxtehude**

Oder bestellen Sie bequem direkt bei uns!

**Tel.: 0 41 61 / 7 49 60-40
Fax: 0 41 61 / 7 49 60-50**

www.persen.de

Die Bestelldaten werden für eigene Zwecke unter Beachtung der einschlägigen Datenschutzgesetze gespeichert.
Mit der Angabe meiner E-Mail-Adresse erteile ich die jederzeit widerrufliche Zustimmung zum Erhalt von Informationen per E-Mail.